HONDURAS A RAS DE SUELO
Crónicas desde el país más violento del mundo
ALBERTO ARCE

Ilustraciones de Germán Andino

Ariel

Título original: *Novato en nota roja (Corresponsal en Tegucigalpa)*

Diseño de portada: José Luis Maldonado
Fotografía de portada: © Javier Arcenillas
Ilustraciones de interiores: Germán Andino

© 2015, Alberto Arce

La presente edición ha sido licenciada a Ediciones Culturales Paidós por el propietario de los derechos mundiales en español, Libros del KO (Madrid), por mediación de Oh!Books Agencia Literaria

© 2015, Germán Andino, de las ilustraciones

© 2016, Ediciones Culturales Paidós, S.A. de C.V.
Bajo el sello editorial ARIEL M.R.
Avenida Presidente Masarik núm. 111, Piso 2
Colonia Polanco V Sección
Deleg. Miguel Hidalgo
C.P. 11560, México, D.F.
www.planetadelibros.com.mx
www.paidos.com.mx

Primera edición impresa en México: enero de 2016
ISBN: 978-607-747-118-9

Impreso en los talleres de Litográfica Ingramex, S.A. de C.V.
Centeno núm. 162-1, colonia Granjas Esmeralda, México, D.F.
Impreso y hecho en México - *Printed and made in Mexico*

ÍNDICE

Lo que me ha hecho aguantar tanto tiempo en
Honduras han sido las ganas constantes de regresar
a casa para ver a Sarah y Selma.

Quiero dar las gracias a los editores de *Associated
Press*, Marjorie Miller, Trish Wilson, Katherine
Corcoran y Alejandro Manrique, que me dieron
la oportunidad, los medios, el tiempo y los
recursos para cubrir durante casi tres años los
acontecimientos de un país que, en teoría,
no le importa a nadie.

«Así, cuando ya nos hayamos matado todos, toditos, y entre Guatemala y Nicaragua no quede más que un espantoso y solitario charco de sangre, sirvan estos textos para que los países del futuro no sean como nosotros…».

Juan Martínez

En los últimos cincuenta años, los centroamericanos han vivido 12 golpes de Estado, una revolución triunfante y dos fracasadas, cuatro guerras declaradas, un genocidio, una invasión estadounidense, 18 huracanes y ocho terremotos. A los 320 000 muertos de las guerras de los ochenta se les suman 180 000 homicidios. La mayor parte, en Honduras, donde han muerto más de 55 000 personas asesinadas en la última década.

PRÓLOGO
por Manuel Jabois

En septiembre, calor en Medellín, nos reunimos unos cuantos periodistas alrededor de la gloria agitada de Gabriel García Márquez que se expande desde Colombia. Era el segundo día de congreso y yo estaba en la habitación, a punto de acostarme, cuando decidí bajar para conversar un rato con Antonio Rubio. Rubio, una de las leyendas españolas del oficio, es el jefe del máster de investigación de *El Mundo*. Cuando llegué me lo encontré con Sindo Lafuente, que dirigió las webs de *El Mundo* y *El País* y *soitu.es*, y un chaval de gafa grande que bebía despacio una cerveza como si fuese un vaquero. Me senté a la mesa y miré al fondo, a otra mesa alejada, más larga, colocada en ninguna parte, en donde conversaban los viejos gigantes del periodismo latinoamericano e íntimos de García Márquez.

El chico salió a fumar y me fui con él. Me dijo que se llamaba Alberto Arce. Yo conocía a Alberto Arce, había leído *Misrata Calling*. Recordaba la hermosa dedicatoria que Libros del KO, su editorial, hizo cuando Ricardo García Vilanova y él ganaron el Rory Peck, el llamado Pulitzer de los *freelance*, por un documental hecho allí, en Libia: «A todos los jefes de medios españoles que ignoraron y humillaron con propuestas de trabajar gratis a Alberto Arce y Ricardo García Vilanova: joderos». Empezamos a fumar esparciendo el humo por encima de Medellín, subidos a unas sillas altas como de juez de tenis, y señalé con nostalgia la mesa flotante en la que hablaban las primeras espadas del congreso.

—Lo que sería estar ahí escuchando.

Arce me miró con desprecio.

—¿Allí para qué? ¿Qué te van a decir?

Balbuceé un poco, aclarando que eran hombres reputados y que habían convivido con el Nobel, y que aquello siempre daba cierta lujuria a la conversación.

—Con los que tienes que andar están ahora en la barra del hotel. Las putas que hacen la calle, no estos retirados. Yo te los presento.

Había planeado mi semana en Medellín como un monje sin tortura de conciencia, alejado de alcohol y amarrado a unos libros y un ordenador. Refunfuñé algo y volvimos a la mesa. Pero allí la mirada felina de Arce, que había visto en mí una presa, ya no me dejó en paz. Apuramos una cerveza más y vimos llegar, como entre vapores de alcantarillado, a un chaval fuerte con los pechos tatuados y pescata, ese pelo de la nuca que se riza cuando en España estás en la Gurtel y en El Salvador en una pandilla.

Arce no me lo presentó (creo que Arce nunca presenta a nadie) pero dijo: «Nos vamos con este. Vamos a Medellín, al Guanábano y a donde sea, a beber y a conocer la calle, y el bar». Aquello tenía pinta de naufragio en toda regla; pese a eso, le dije que no. Se marchó dejándome por imposible y al cabo de media hora, cuando ya lo creía en la ciudad, volvió.

—¿Eres periodista o qué eres exactamente, un tipo que cuando viaja se mete en cama?

Nos fuimos con Diego Fonseca, nos fuimos con Teresita Goyeneche, con Óscar Martínez, de la Sala Negra de El Faro de San Salvador, el chico de los tatuajes.

Conocí a Alberto esa noche y las siguientes, y hablé con él lo suficiente como para saber que si le hubiese levantado la bota encontraría restos de los mismos cadáveres de los que Bernhard decía que estaba hecho el periodismo, porque uno crecía tropezando con ellos. Allí estaba aquel corresponsal de lujo de Associated Press en América publicando en los periódicos más distinguidos del mundo, sus páginas nobles, los resultados de investigaciones truculentas que iban desplazando, cada una, las miserias del ser humano a un estadio superior.

Hablaba de España con algo que parecía resentimiento, el olvido habitual del país a quien triunfa fuera porque no le dejaron dentro, y que luego interpreté como una ira muy calibrada, el combustible que cada uno quema dentro para ser mejor cada día y demostrarlo, antes que nada, a sí mismo. «En las universidades y en los congresos de periodismo me llaman a mí, que escribo en pijama, Alberto. A ver si es que te manchas demasiado», le dije.

Todos los soliloquios que armó aquellas noches, incluida una que se nos fue a la mañana siguiente en una habitación del hotel sembrada de cuerpos durmientes, están incluidos en este libro como práctica, no como teoría. Arce lleva varios años paseándose por el horror y disfrazándose del horror mismo, mimetizándose con la chusma que denuncia para que le reconozca como propio y abrirle sus cajones. Ese trabajo de escritura hermética ha repercutido en su vida desordenada, nómada, insana, y tengo la sensación que de algunos reportajes no ha terminado de salir: se ha quedado a vivir dentro de ellos como una de sus fuentes, sin reconocerse a sí mismo y sin saber si algún día tendrá que escribir por dentro todo lo que ha escrito por fuera para poder salvarse.

Nada más aterrizar en San Salvador me envió la imagen de una fosa común en la que retoñaba un cráneo limpio, hermoso y brillante sobre el que se podría haber escrito este libro. Esa cabeza no pertenecía al pasado que se reunía en la mesa de los antiguos gigantes de la crónica que yo había visto en la cena de Medellín, deseando ir a reunirme con ellos bajo un deslumbramiento adolescente. Eran los huesos sobre los que se estaban levantando, llenos de polvo, los testigos ensangrentados que andan contando como *broken wings*, alas rotas, la historia central de América, que siempre es una historia de traición y muerte.

NOVATO EN NOTA ROJA

Cuando el teléfono suena y toca a muerto

DENTRO DEL VOLCÁN

Uno solo comienza a darse cuenta de que la buganvilla cubre las esquinas adoquinadas, los muros de adobe y la teja roja de las casas de colores, cuando logra sacar la cabeza del volcán.

En Teguz, en el hoyo, en Tegucicráter —como la llamamos algunos cuando no nos oyen los hondureños—, la realidad inmediata es acercarte al grupito de personas que rodea al muerto en la esquina de tu casa, en el Parque de la Leona, a las seis de la tarde, la hora a la que sales cargando el triciclo de tu hija. Hueles la sangre, miras fijamente el tiro en la cabeza, aprendes a contener la arcada y comienzas a soltarte, a preguntar sin libreta, solo por curiosidad, como ciudadano. Nadie puede vivir dos años en un lugar sin sentirse parte de él.

Para sacar la cabeza del volcán hay que atravesar el muro de la basura y los perros que la revuelven, el laberinto de los cables eléctricos y las tomas clandestinas que lo invaden todo, el humo de los carros, el ruido omnipresente y la noche que cae sobre una ciudad sin farolas ni semáforos. A medida que sacas la cabeza te vas fijando en los cambios de clima y en la lluvia. Para entonces ya has aprendido a pegar acelerones para no quedarte atrapado en las cuestas que llevan al barrio, a sacar la mano por la ventanilla para pedirle pasada al taxi de atrás, y a recorrer de noche, con la ansiedad de un yonki, la ruta de las pocas gasolineras que venden Marlboro rojo.

Para sacar la cabeza del volcán hay que aprender a convivir con el miedo, la rabia, el aburrimiento, la impotencia y la frustración. El aburrimiento de las entrevistas a políticos y comisarios, la frustración de que en un país donde asesinan a una mujer cada veinte horas, la media docena se asistentes a una marcha feminista no sean capaces de ponerse de acuerdo con la inscripción de la pancarta. La rabia de ver a ese niño que dejó la escuela para lijar carritos de helado ocho horas al día. La impotencia de darle vueltas al caso de esa niña a quien su padre pegó un tiro en la pierna y no ha ido al médico porque denunciarían a su papá, un policía que limpiaba su pistola mientras esperaba un plato de comida en la sala de su casa después de un turno de 72 horas sin dormir.

Para sacar la cabeza del volcán, he aprendido a protegerme de tanta fealdad. No necesito unas gafas de Google, me basta con mi máquina del tiempo. En los tiempos muertos de los atascos he aprendido a imaginar una ciudad en blanco y negro. He soñado docenas de veces con la Teguz de los años cuarenta, cincuenta, sesenta, con sus casas de estilo colonial, sus corrillos a la salida de la iglesia, sus billares o la barbería diplomática en la que afeitaban a navaja a Kapuscinski mientras hacía cola para enviar telegramas, y en la que desde entonces siguen sentados ese tipo de ancianos que aún se llevan la mano al sombrero para saludar a todo aquel con el que se cruzan.

Muchos extranjeros no superan el primer corte ni con el plus de peligrosidad que cobran, y tiran la toalla ante una ciudad derrotada en la que hasta las serpentinas de la *party* son alambradas oxidadas. Nicaragua está demasiado cerca como para soportar Honduras, que está demasiado lejos de nuestra capacidad de compromiso. Pero los que lo pasamos, los que creemos pasarlo, lo peleamos juntos en nuestro Melrose Place centroamericano. En la Giraldilla, protegidos, rodeados de eucalipto, guayaba, ardillas, sábilas y alegrías, que tapan el muro que nos separa de la calle, con el apoyo de Lucas, que tiene 11 hijos, no sabe leer ni escribir y nos cuida por las noches con un machete en la mano.

Lucas se calienta una lata de frijoles y una tortilla quemando maderas en el jardín y cobra menos al mes de lo que nos gastamos en una fiesta de sábado aquellos a quienes cuida. Los que nos pasamos la fiesta hablando de justicia social pero no le abrimos la puerta una noche de frío por si viene a mendigarnos una limosna porque necesita un medicamento o le han robado la cartera. Tampoco podemos abrírsela al millón de personas que viven ahí fuera, a tiro de piedra de las pocas casitas del barrio alto que quedan. Muchos, si tuvieran la oportunidad, nos matarían por lo que llevemos en los bolsillos en un momento cualquiera elegido al azar. No lo hacen porque no nos exponemos. Porque no nos dejamos alcanzar. Porque no pisamos las calles de sus mercados y creemos que así no nos van a alcanzar. Aunque la noche que escribo esto, el muerto, don Esteban, un taxista con Parkinson, quedó tirado con un disparo entre los ojos en la misma esquina en la que espero cada día a que el chófer venga a buscarme.

Para un reportero al que le gusta el barro y la lava, esto es un *rave*. Su éxtasis, un trozo de carne y un reguero de sangre. Del mismo modo que las madres modernas se comen la placenta en pastillas para hacerse fuertes, nosotros nos acercamos a los muertos y hacemos callo. A mi vecino, Germán, el ilustrador de este libro, se le manchó de sangre una página de su cuaderno que se le cayó al suelo mientras dibujaba la escena del crimen. La sangre se incorporó al papel como las tres ráfagas de arma larga que antes de ayer nos jodieron la tertulia de domingo por la noche.

Tegucigalpa es una ciudad donde nunca respondes a una discusión de calle. Mucho menos a las *pick-ups* de doble cabina sin placas. Donde uno no debe buscar lo que no debe encontrar. Donde sales a buscar una cerveza a la pulpería y sientes el miedo de Gladys, que, a pesar de llevar un año atendiéndote, te la vende a través de una reja, agarrando los dos dólares antes de entregarte la mercancía. Donde te das la vuelta con la compra y ves a un hombre derrotado de 50 años que se sienta sobre las botellas de un camión de Coca-Cola, protegido con un chaleco antibalas barato y con una escopeta cargada, en posición de apuntar. Donde sobre un camión de huevos se repite la escena. Donde los matan para robarles las escopetas, que valen menos que el salario mínimo. Donde los empresarios que se forran con ellos son los coroneles que dirigen el ejército y los generales de la policía. Donde mi hija, de un año y medio, vio un muerto por primera vez y supo que aquí pasaba algo, que le estaba ocultando algo, que ese cadáver que nos cruzamos en la calle era un cadáver y no un señor durmiendo.

Este es un país donde el presidente sale en la cadena nacional y corta la programación de todos los demás canales para denunciar que reconocidos empresarios del país importan, sin pagar impuestos, agua mineral francesa para atender sus necesidades fisiológicas. Sin dar nombres ni presentar denuncias, mucho menos cambiar las leyes que él mismo aprobó para permitírselo. Es su manera de extorsionar a los empresarios para que aporten dinero a su campaña electoral.

Honduras es un país donde nunca nadie ha visto un cartero ni un lugar donde comprar timbres, pero UNICEF emite una serie de timbres para sensibilizar sobre los derechos del niño, y un jueves por la tarde recibes una invitación para degustar comida peruana en la Casa Presidencial, y así fomentar el turismo interno.

Aquí estamos los que llegamos a casa diciendo «hoy vi seis muertos» y los que cambian de tema. Los que cambian de tema cobran miles de dólares por resolver un problema al que ni saben ni quieren acercarse. Son los que nunca tuvieron problemas para sacar la cabeza del volcán, los que se dieron cuenta mucho antes que yo de que Tegucigalpa está lleno de árboles con flores rojas y rayos de sol que atraviesan la niebla de los cerros verdes. Porque miran mejor hacia arriba que a ras de suelo.

NOVATO EN NOTA ROJA

El teléfono suena un sábado por la noche y toca a muerto.

En tal lugar acaban de matar a dos, dice el policía al que hemos pedido ayuda para mostrar la violencia de San Pedro Sula, a la que llaman la ciudad más violenta del mundo. Se siente útil echándole una mano a la prensa internacional. Apago la televisión, me calzo y aviso al fotógrafo. Mientras revisa, de manera mecánica, el espacio en sus tarjetas de memoria y sus lentes, llama al taxista y coteja con la recepción la dirección que nos acaban de dar. Transmite sensación de rutina. Ya cubría estas escenas cuando yo aún no era periodista, hace más de una década. Me pide que compruebe si llevo cargadores, agua y *snacks* para pasar la noche, que puede hacerse larga.

$$* * *$$

Al primero le han disparado varias veces a través del cristal delantero. La cabeza reposa, sobre el respaldo del asiento. Dentro del cráneo, abierto por un lado, se ve algo de color

23

rosado. La sangre ha salpicado los cristales, el volante, la camisa.

El otro impacta menos.

Cuando el disparo entra de lado, por una ventanilla abierta, nada distrae la trayectoria de la bala. Con una es suficiente, apenas un pequeño punto rojo en la sien. No ensucia tanto pero empuja y contorsiona el cuerpo, que quiere caer hacia un lado y no puede. Solo el cinturón de seguridad fija el cadáver en posición vertical.

Los muertos son los pilotos de dos busitos, y hoy, sudando como solo se puede sudar en plena Semana Santa caribeña, es mi primera noche de trabajo callejero en Honduras.

Lo llaman nota roja, por la sangre. Pero los destellos que rompen en la oscuridad son azules. Las luces de la patrulla, rítmicas, hipnóticas, de escenografía de serie gringa, inundan la escena y la preparan, como si fuera un *show*, para disfrute de los espectadores que observan la liturgia a poca distancia.

La policía acaba de llegar, cuatro agentes bajan de la paila[1] de una *pick-up* con parsimonia, cansados antes de empezar. Hacen un gesto con el fusil, sin necesidad de otra orden, y el espacio alrededor de los dos busitos se ensancha. Los agentes colocan sin demasiada formalidad una cinta amarilla que puede traspasar casi todo el que quiera. Para acercarse a mirar basta pedir permiso dando suaves codazos al muro sólido de vecinos que rodea la escena. Una libreta o una cámara en la mano son el salvoconducto que permite escudriñar los cuerpos sin el más mínimo pudor. El fotógrafo sabe que su trabajo corre prisa, así que se limita a levantar la cinta, acercarse y dispararles de nuevo.

---

[1] La paila es el espacio destinado a la carga en un vehículo.

Ya no salimos de la zona acordonada; me siento en un bordillo a fumar. En poco menos de una hora, la escena degenera en una feria que gira alrededor de la muerte. Los vendedores hacen sonar las campanitas de sus carros y la gente los rodea para comprar caramelos, agua, jugos y baleadas.[2] El público come, charla, se distrae. Poco a poco, el evento cobra vida propia. Muchos dejan de mirar. Casi nadie se va. Alguien, por fin, despliega unas sábanas sobre los cuerpos y los periodistas locales apagan las cámaras por un rato, como si la función hubiera terminado. Los de la tele están de paso entre muerto y muerto, cumpliendo la peonada. Ya tienen los planos de los cuerpos sin vida, de los espectadores curiosos, de un policía gordo que acordona el lugar. Con eso es suficiente.

Esa noche viscosa en San Pedro Sula fueron asesinadas 18 personas. San Pedro Sula es una ciudad de 15 muertos al día, 5 400 muertos al año. En San Pedro Sula hay más muertes violentas que en Bagdad o en Kabul.

Escribir nota roja es faenar recolectando materia prima en los cadáveres, sumergirse en correctivos bañarretinas. Son planes de sábado por la noche con cadáver, libreta y bolígrafo. El reto para el fotógrafo es mostrar la muerte sin joderle el desayuno al lector del diario; el reto para mí, conseguir que le importe a alguien por qué murieron esos hombres. No. Eso es una frase hecha. Entregar a mis editores una historia que se pueda usar y justifique el gasto. Buscar al bocón que hable. Que me cuente qué pasó aunque se ponga en peligro al hacerlo. Y además, con detalles: nombre, apellidos, edad y profesión. Para dejarle el mapa hecho a quien se lo quiera cargar por hablar. Por eso de cumplir los estándares profesionales.

[2] La baleada es uno de los platos típicos de la comida hondureña. Son tortitas de harina de trigo rellenas.

Miro a mi alrededor. Los periodistas locales no hacen preguntas. Mera enumeración de cuerpos e impactos. Se evitan problemas. Evitan problemas a los demás. El guion dicta que solo queda esperar al último plano necesario. Soy el típico redactor al que le gusta quedarse siempre pegado al fotógrafo. Si a él le toca esperar, a mí también. Pasa mucho tiempo. Ahí, frente a la muerte, hablamos de las vacaciones, de alquileres, de sexo, de una película, de nuestros hijos, de España, de Perú, del calor, de la playa, de las ofertas de boletos de avión a la isla de Roatán, a media hora de aquí. Pasan treinta minutos. Pasa una hora. Pasa hora y media hasta que llega el forense para levantar los cadáveres.

Es el único momento en que los focos se encenderán de nuevo, en que las cabezas se estirarán para ver algo: el desagradable momento en que el personal de la morgue tiene que sacar los cuerpos del busito y meterlos en bolsas de plástico. Esos minutos son para el fotógrafo de sucesos como la luz del atardecer para el cazador de postales. Estamos enfermos. Todos. Los que creemos que nuestra presencia allí está justificada porque estamos trabajando y los que llevan a sus hijos a verlo como podrían estar en casa viendo una película de serie B. En el traslado se les caen los cuerpos, tienen que pegar un tirón para moverlos de los asientos, tratan de que no reboten sobre el suelo. Nunca entenderé por qué casi siempre los cadáveres pierden uno o los dos zapatos al morir. Una nueva perspectiva para asegurar la foto. Brazos que cuelgan como pesos muertos, una cabeza que se ladea, despidiéndose, un charco de sangre que viaja desde el asiento hasta el asfalto y avanza lentamente. La noticia durará lo que la sangre en secarse. Los detalles se dirimen con rapidez. Qué, cuándo, cómo y quién se convierten en un fin en sí mismo. Cuatro preguntas básicas del periodismo que se comen a la quinta.

La repetición consigue que nadie pregunte por el porqué. Hablar, sí, pero de nada importante.

* * *

Nada más llegar, los he visto. En una esquina, lejos del circo que se ha montado. No son espectadores. Una docena de hombres y un par de mujeres. Se abrazan. Lloran. Hablan por teléfono sin parar. Ningún policía ni periodista local se acerca. Aunque lo hiciesen, no quieren decirles nada. Son víctimas. Son los que saben qué sucedió. Las personas que pueden responder al porqué que nadie pide.

No sé de dónde saco fuerzas para superar mi vergüenza, pero me acerco. Apenas una frase de pésame y la mínima presentación sirven para identificarme como extranjero. Los compañeros de los conductores asesinados, enfadados y asustados, piden alejarse del lugar y no ser identificados como condición previa para descargar algún testimonio que reduzca su rabia. Si aceptan hablar conmigo es solo porque soy extranjero. Creen que lo que yo escriba no se leerá en su ciudad. Con internet, eso es mucho creer.

Nadie da su nombre. Tienen rostro, pantalones, narrativa y miedo, pero les faltan nombres y apellidos, por tanto, lo que me cuentan no se convertirá en periodismo. Aun así, para mí no son fuentes anónimas, calificativo con el que alguien, sentado fríamente en un despacho a miles de kilómetros, descartaría que el mundo pueda conocer su dolor y su verdad. No le sirven a la profesión, me sirven a mí.

Hablan conmigo para que no se les olvide. Pero ni denuncian, ni acusan, ni proporcionan detalles que permitan dar con los asesinos, a los que conocen perfectamente. No son héroes, no quieren dar la cara más allá del contacto privado, de lo que dura un cigarro. No quieren que nadie los señale por irse de la lengua y que se la corten.

Empiezan por el recuento de los hechos.

Al terminar la última ruta del día, dos conductores estacionaron sus buses en paralelo y se pusieron a charlar mientras los pasajeros empezaban a bajar de los vehículos. Varios hombres irrumpieron en esa escena a cara descubierta. Pidieron a los pasajeros que se apresurasen, pistola en mano, y se quitasen de en medio. Cuando la gente corría sin mirar atrás, ejecutaron a los dos conductores.

Y siguen por el motivo.

Cada conductor paga una extorsión fija de 10 dólares por vehículo y semana a una pandilla. Hay gente en las calles, incluso niños, apostada en diversos lugares de la ciudad con una libreta controlando las matrículas de los vehículos y sus rutas, los precios y el número medio de pasajeros. A veces, en función del trabajo que le calculan a cada uno, realizan una estimación de los ingresos y aumenta la cantidad a pagar. Los cobradores siempre son los mismos, a plena luz del día y a cara descubierta.

Uno de los conductores, señalado por los extorsionadores, introduce el dinero en un sobre, enciende un celular a la hora convenida, espera la llamada, recibe una cita precisa y acude al lugar; alguien que se acerca caminando, en moto o en una *pick-up* de lujo, le da la mano, le pregunta qué tal va todo y recauda la cuota.

Pero esa misma mañana, después del ritual del pago, apareció alguien que venía a cobrar por segunda vez. Al explicarle que ya habían pagado, entendieron que el primer cobrador no venía de parte de la pandilla habitual. Pidieron hablar con el jefe de los extorsionistas para explicarle que alguien le estaba robando y sabían quién era.

No quiso escucharlos. Un extorsionador que escucha y razona no daría miedo. Les dijo que ellos eran quienes lo engañaban a él y que alguien moriría.

Los conductores comenzaron a llamarse por teléfono y a reunirse en su base para tratar de evitarlo. Activaron sus celulares hasta quemarlos. Paren, dejen los vehículos. Nos han dicho que alguien va a morir. Son ellos, va en serio. El mensaje era urgente. Dos de los conductores, acostumbrados a este tipo de problemas, no hicieron caso y continuaron trabajando. Perder un día de jornal es más de lo que pueden permitirse. Son los que terminaron la jornada y se pusieron a charlar. Ahora están muertos.

Sus compañeros se consuelan. Podría haber sido peor. Si no los hubieran encontrado a ellos, a los dos muertos, quizá hubieran ido a la parada de los busitos, al punto de reunión en el que esperaban más de veinte hombres.

Todos son empleados y pagan al empresario una cuota diaria por el uso del autobús. Tengan o no tengan pasajeros. Luego viene la cuota para la pandilla. La que extorsiona y mata. El dinero para los criminales sale de sus bolsillos, no de los de la empresa que les alquila el vehículo. No quieren hablar con la policía. No quieren hablar con el propietario de los vehículos. Es su problema y nadie puede resolverlo. Para qué regalar quejas y preguntas sin respuesta.

El único interés del empresario, que, sí, se personó en el lugar inmediatamente, fue pedirles a los conductores que sacasen los cuerpos de los busitos para recuperar la recaudación del día y evitar que la policía requisase los vehículos como prueba del crimen. Se negaron a ayudarlo, dicen.

A medida que el empresario se acerca al grupo, el hilillo de voz de los conductores se hace más suave, hasta que termina por desaparecer. Como en una obra de teatro con sus sucesivos actos, un grupo de personajes se despide para que aparezca otro.

Al dueño de los busitos le gusta gritar. Con los brazos cruzados, habla lo suficientemente alto como para que todos lo escuchemos. Si sus conductores hablan de la pandilla, él lo hace de las autoridades. Nadie va a investigar, porque a quien tiene que hacerlo se le acabaría la mina de oro. Esa es su frase. Dice que algunos agentes comparten el negocio con los extorsionadores, incluso hay agentes que directamente abandonan el cuerpo para crear su propia banda. Es cierto que los policías presentes en la escena ni se acercan para preguntar si hay testigos o comenzar una investigación sobre los asesinatos. Al agente que está más cerca no se le mueve un músculo de la cara.

Los hechos se precipitan. Llegan las familias y yo observo la escena desde lejos. Me siento como la vieja que espía detrás de la puerta cuando subes por las escaleras. Sigo mirando, pero a diferencia de los periodistas locales, que han encendido focos y *flashes,* dejo que todo el que quiera se ponga delante de mí para ver la escena solo a medias.

Una mujer sale corriendo de un taxi. Como en una secuencia perfectamente ensayada, todo el mundo sabe qué va a pasar y actúa al ralentí para que pase. Es la viuda de uno de los conductores. Grita un nombre, la gente que se agolpa alrededor de la cinta amarilla deja espacio para que pase. Los policías saben que va a ir directa al cuerpo de su marido, envuelto en la bolsa, y que va a abrirla. No debería hacerlo. Pero dejan que lo haga y pueda besarlo y tocarle la cara una última vez antes de alejarla con delicadeza, ahora con la cara manchada de sangre. Una vez que los agentes la tienen agarrada, sus dos hermanas, primas o vecinas ya están preparadas para tomar el relevo. La mujer se caerá al suelo gritando y ellas la agarrarán, acariciarán y abanicarán ante las cámaras y el público presente. La escena es habitual, me dicen. No por eso dejo de creérmela.

Un niño está detrás de ellas. Nadie le hace caso. No llora. Es el hijo. En cuestión de segundos ha crecido. Yo sí lloro. Me hago a un lado. Camino unos metros. Doy la espalda. Me pierdo, de alguna manera, el pico de tensión dramática. Fumo. Bebo jugo. Espero a que se vayan. Tardan mucho en irse.

Al separarme de la escena me he convertido en presa fácil.

Un grupo de adolescentes con camisetas ajustadas y pantalones exageradamente cortos ha detectado a un extranjero exótico que se incrusta con poca soltura en su cotidianidad y ataca con todo su arsenal de miradas. Dicen cosas que no entiendo. Saludan, bromean. Una de ellas, la más valiente, se acerca, exuberante, guapísima, a pedirme un cigarro para acabar con las dudas que se hayan creado sobre mí y comenzar las preguntas, el juego, la seducción. No tengo la más mínima duda de que es menor de edad. Me pide el teléfono, la dirección del hotel y me dice que puede ir hasta allí cuando quiera. No se lo doy. En Honduras, algunos las llaman prepago. Miro a mis espaldas, intuyendo que algún primo celoso pueda estar controlándolo todo desde lejos. Tengo miedo. No quiero ser el siguiente muerto de la noche, y en San Pedro Sula se las gastan duras.

La puteada por no cerrar la noche con la niña prepago en el hotel fue la anécdota que el fotógrafo y el taxista me recordaron desde el primer hasta el último día que fui corresponsal en Honduras.

NOCHE DE CHEPOS

En Tegucigalpa nada podría convencer a un adolescente responsable para abandonar la casa de sus padres y sumergirse en los peligros de la noche. Nada excepto las ganas de encontrarse con una chica. Ebed Yanes, un estudioso adolescente de clase media de 15 años, había conocido a una chica chateando en Facebook. Quería encontrase con ella en persona. Terminó de cenar, hizo la tarea con su madre, dio las buenas noches y se fue a la cama. «Mis padres están despiertos», le escribió aquella noche de sábado desde su habitación. «Ya tengo las llaves de la motocicleta. Me bañaré mientras se duermen». Nunca se encontró con ella.

En su casa nadie se percató de que a medianoche bajó las escaleras en silencio, se subió a la motocicleta roja de su padre y desapareció en la oscuridad para buscar a la chica. Debió de dar varias vueltas por la ciudad y sentir miedo. «No sé en qué tipo de hoyo vives», le escribió en su último mensaje de texto. «He estado buscándote 45 minutos, pero mejor regreso a casa antes de que me agarren los chepos». Chepos, la palabra con la que se conoce en Honduras a los militares, fue lo último que

escribió en su vida. A la 1:30 de la madrugada, Ebed estaba muerto en un callejón estrecho y oscuro sobre la motocicleta de su padre, con una bala en el cuello y dos tiros en la espalda.

La familia Yanes vive en una de esas colonias vigiladas y amuralladas que surgen a las afueras de Tegucigalpa. El padre, Wilfredo, un distribuidor de alimentos al por mayor al que le va razonablemente bien en los negocios, me recibe en una casa de dos plantas, cómoda y amueblada con la sobriedad de una clase media que quiere mantener la normalidad dentro del caos. Caminamos entre sofás viejos, fotos de familia y certificados de estudio enmarcados en las paredes. La visita continúa en la segunda planta, organizada en torno a una pequeña sala de televisión que rodean tres dormitorios. Frente a la puerta de la habitación que se quedará vacía para siempre, Wilfredo comparte con su esposa, profesora de universidad, y su hija mayor, estudiante de Medicina, los únicos lujos que se ha permitido: una pantalla de plasma y una máquina de ejercicios para mantenerse en forma sin necesidad de salir a jugarse el pellejo por las calles.

La tragedia de esta familia comenzó a anunciarse un domingo por la mañana. Wilfredo recuerda que se despertó y el Toyota rojo que Ebed limpiaba antes de ir a la iglesia estaba sucio en el garaje. Pero no se preocupó. En teoría, la noche anterior, su mujer y su hijo habían estado repasando tareas escolares hasta tarde y el retraso remolón de su hijo adolescente era normal. Después de desayunar, tras levantar la voz varias veces para pedirle que bajara, su hermana subió a despertarlo. Lo que se encontró fue que Ebed no había dormido en su cama. Su teléfono estaba apagado y, al revisar el garaje por segunda vez, se dieron cuenta de que la motocicleta roja que su padre acababa de comprar para librarse de la congestión del tráfico, había desaparecido. Wilfredo sabía que su hijo era travieso. Le encantaban las chicas y tenía un pequeño trastorno de déficit de atención, pero nunca se metía en problemas con nadie, no desobedecía, no estaba implicado en nada, no salía solo de casa, ni siquiera sabía utilizar el complicado sistema de taxis colectivos y busitos que ejercen de transporte público en Honduras. Incluso cuando asistía a sus clases de taekwondo, su hermana mayor lo esperaba fuera, sentada en el coche, volcada sobre sus libros de anatomía. La noche en que Ebed murió asesinado en un callejón fue la primera y la última vez en su vida que salió de su casa sin que alguien de su familia lo acompañase.

Aunque aquel domingo su padre se olió que algo iba mal desde primera hora —porque todo padre hondureño, bombardeado por la realidad que lo rodea, se exalta ante los retrasos que en cualquier otro país del mundo forman parte de las broncas implícitas en la educación de un adolescente—, era casi imposible que Wilfredo se imaginase lo que le había sucedido a su hijo. Así, comenzó a tirar del hilo con naturalidad. El guardia de seguridad de la colonia, pensando que sería despedido por jugar a la complicidad con el chico, le confirmó que Ebed había salido en moto después de medianoche y que no había regresado. Pero, no, ni Wilfredo ni su esposa son ese tipo de personas rencorosas que toman represalias. Entendieron al guardia, más centrados en resolver el problema que en buscar responsables. La frase con la que Wilfredo comenzó a activarse fue: «tenemos que mantener la calma, pero vamos a buscarlo». Fueron 12 horas de lenta peregrinación por la Dirección de Investigación Criminal, en la que pusieron una denuncia por desaparición, la Fiscalía de menores y el hospital infantil. Querían creer que se habría accidentado en moto o se habría quedado en casa de una chica y regresaría en cualquier momento pidiendo perdón.

Como si retrasar una noticia sirviese para evitarla, solo a última hora de la tarde Wilfredo aceptó ir al departamento de homicidios de la policía. Allí tampoco sabían nada de su hijo. Pero sí de una moto roja que acababan de recibir y que había aparecido junto al cuerpo de un joven no identificado, asesinado por unos desconocidos que dispararon sin mediar palabra y se dieron a la fuga, el mantra tantas veces repetido por la policía en Honduras para paliar su incapacidad a la hora de realizar investigaciones.

—¿Tenemos la motocicleta aquí, quiere verla?

La familia atravesó el estacionamiento y, desde la distancia, Wilfredo reconoció su motocicleta roja. Inmediatamente supo lo que significaba.

—¿Es él? —le preguntó su esposa.

—Sí, es él —respondió Wilfredo casi sin tiempo de tomar a su esposa desmayada del suelo.

Los tres se fueron a la morgue judicial. El trayecto, en silencio. Wilfredo quiso entrar solo a identificar el cadáver. Fue un trámite frío y rápido. La capacidad de almacenamiento de cuerpos de la sala estaba, como cada fin de semana, saturada. El cadáver de su hijo, tirado en el suelo, dentro de una bolsa de plástico. La mandíbula, aún imberbe, rota por un disparo. Wilfredo mantuvo la compostura. Le entregaron una bolsa de papel con sus pertenencias: una BlackBerry llena de mensajes de texto, un casco roto y un juego de llaves. Las llaves de su casa. Esa misma noche, ante familiares y amigos, durante un velorio que duró hasta el amanecer, Wilfredo hizo una promesa por Ebed y por su país. Suena grandilocuente. Wilfredo, desde que mataron a su hijo, lo es. Tiene derecho a serlo. En cada palabra, en cada gesto, en la prolijidad con la que almacena en una carpeta todos los recortes de prensa que hablan del caso y ordena en un cuaderno las citas con los fiscales, los medios y los políticos a los que trata de influir. Pero también, además del orden, es una persona profundamente religiosa, y no acepta que un crimen como este quede solo en manos de Dios, que también te juzga —como me dijo un día— por lo que eres capaz de hacer en la Tierra. El mismo día del funeral de su hijo decidió que pasaría a la acción e investigaría. Prometió que su hijo no se convertiría en una estadística más. Wilfredo no podía confiar en lo que la policía le había contado. ¿Su hijo, víctima de un asesinato aleatorio en la calle? No quiso creérselo. A partir de ese momento, y durante meses, aplacó el dolor tratando de saber la verdad. Y lo consiguió.

Necesitaba bañarse y cambiarse de ropa antes del funeral. También quería estar solo para pensar. Pero de camino a su casa decidió que no esperaría ni a que su hijo estuviese enterrado para comenzar a investigar. Decidió desviarse de la ruta hacia el baño y el armario para hacer dos paradas. La primera, en una comisaría a poco más de 100 metros del lugar en el que había aparecido el cadáver. «Sí, oímos disparos, pero no salimos a investigar por miedo», le dijeron los agentes. No los culpó por ello. Wilfredo no era especialmente crítico con el Gobierno… ni con la policía. Consciente de que no pueden cumplir con sus obligaciones, no quiso discutir con los agentes. Solo necesitaba información y algo que aceptar como cierto, no ganaba nada con excusas, reproches, disculpas o pésames. Ante todo, siempre ha sido un hombre práctico. La segunda parada de aquella mañana fue en el callejón en el que su hijo había sido asesinado horas antes. Quizá alguien hubiera visto o escuchado algo. También sabía que sería difícil que alguien quisiera hablar con él, pero tenía que intentarlo, y no se equivocó al hacerlo. Pocos callan ante un padre roto por el dolor, además, no era detective ni policía, sino vecino y conocido. Con su cercanía supo conseguir lo que un ejército de fiscales nunca habría logrado.

Una vecina le dijo que en plena noche había oído disparos de fusil, pero que tuvo miedo de salir a mirar, y le señaló a otros vecinos que quizá sí se hubieran atrevido. Así encontró a alguien que, a pesar del miedo, sí corrió las cortinas y miró. No solo miró, sino que estuvo dispuesto a contarle cómo, a través de la ventana, vio a un grupo de entre seis y ocho hombres de uniforme acercarse a un cuerpo tirado sobre una motocicleta, darle vuelta con la punta de los fusiles, recolectar con cuidado los casquillos e irse en una inmensa 4 x 4 oscura de doble cabina. Según el testigo, los uniformados regresaron de nuevo minutos más tarde para hacer una segunda inspección del lugar, con linternas, y asegurarse de que alrededor del cadáver no quedaban pruebas. Pero lo hicieron solo a medias. En todo encubrimiento se cometen errores detectables si alguien los busca. Cuando amaneció, ese mismo vecino salió a tomar los casquillos que los hombres no habían visto en la oscuridad. Esos casquillos, en los que había una palabra y un número, «Aguila 223», acabaron en una bolsa de plástico que Wilfredo se llevó al funeral de su hijo.

Wilfredo recuerda cómo lanzó un puñado de tierra sobre el ataúd de Ebed mientras, con la otra mano en el bolsillo, daba vueltas a los casquillos. No se podía quitar una idea de la cabeza: a su hijo no lo habían matado unos desconocidos en motocicleta al salir de una fiesta. Probablemente lo había asesinado, sin motivo alguno, el ejército de Honduras.

El lunes, inmediatamente después del funeral, Wilfredo quiso pedir consejo y se dirigió al despacho de la rectora de la Universidad Nacional de Honduras, Julieta Castellanos, que perdió a su hijo tiroteado por la policía en un control a finales de 2011 y, desde entonces, se ha erigido en voz contra la impunidad de las fuerzas de seguridad. Pese a que los policías asesinos de su hijo pudieron escapar con el permiso de sus superiores, su ejemplo ha servido para que padres como Wilfredo se atrevan a suplir la acción investigativa de un Estado impotente. Allí le recomendaron que esperase a tener más elementos antes de poner la denuncia, que no hablara todavía con los medios, la discreción siempre ayuda, y que se dirigiera a la Fiscalía de Derechos Humanos ofreciéndoles la ayuda logística que necesitaran, porque los investigadores en Honduras no andan sobrados de medios para trabajar. A partir del jueves, Wilfredo y su mujer se convirtieron en detectives. Comenzaron a matar su insomnio y su dolor saliendo a las calles a buscar algún operativo del ejército con un vehículo de las características que les había descrito el testigo. Lo intentaron un día. Al principio no tuvieron suerte. Y otro. Y otro. Y otro. Y otro. Y otro. Cuando se cumplía una semana del asesinato, el sábado alrededor de la medianoche, se toparon con un retén militar de camino a casa, a pocos metros del lugar en el que su hijo había sido asesinado. Wilfredo se detuvo ante ellos y vio un vehículo similar al descrito por los testigos: un Ford 350F Super Duty, con aspecto de tanque. Una rareza en Tegucigalpa. Wilfredo le pidió a su mujer que redujera la velocidad y sacó una foto a través de la ventanilla. Por culpa del *flash* los vieron, les dieron el alto, los rodearon, les pidieron la cámara y los interrogaron. La excusa que se inventó fue que regresaba a casa de cenar con su mujer y coleccionaba fotos de vehículos poco convencionales. Wilfredo estuvo fino. Hablaron de motores y precios, no de niños asesinados. Por esa vez, los dejaron ir. Nadie desconfía de un matrimonio de clase media que regresa a casa de una cena.

Temblando, Wilfredo llegó a su cuarto y borró la memoria de la cámara después de grabarla en un USB. Tenía miedo de que alguien entrara de noche a la casa y se la quitase. Ya tenía los casquillos de bala y ahora tenía también la fotografía de un vehículo que concordaba con la descripción de los testigos y la localización de un *checkpoint* que encajaba en la lógica de lo que no había querido imaginarse. El lunes por la mañana, una semana después del asesinato, fue a la Fiscalía de Derechos Humanos y presentó ante la justicia todo lo que había descubierto.

Después de hacerlo, Wilfredo no se sentó en su casa a esperar, porque sabía que podría esperar para siempre. Se sentó, con más inteligencia y siguiendo los consejos recibidos, en la oficina de German Enamorado, jefe de la Fiscalía, y le dijo que tenía prisa y quería respuestas. Insistió. Un día, otro día, y otro día. Enamorado me contó después que estaba impresionado por la rectitud del planteamiento de Wilfredo. Si era cierto que un grupo de soldados habían asesinado a un estudiante, se trataba de un crimen abominable. Para un hombre demasiado acostumbrado a lidiar con el abuso de autoridad y la imposibilidad de perseguir según qué crímenes, aún quedan resquicios para la ilusión por su trabajo, y esos resquicios pasan por no sentirse tan solo en la tarea, por dejarse empujar desde la calle. Asignó un fiscal y un investigador al caso. Pero no tenían vehículo para desplazarse y comenzar sus pesquisas. La oficina de la Fiscalía es un lugar poblado por montañas de expedientes que desbordan la capacidad de trabajo del personal. Unos seiscientos expedientes abiertos por cada fiscal colapsan la mejor de las intenciones. Además, media docena de fiscales comparten un solo vehículo, al que se le ha racionado el combustible. Que Wilfredo se ofreciese para convertirse en chofer e insistiese día tras día, sin reproches, con buena cara, invitando café, ganándose el respeto y no el hastío de los funcionarios, fue clave para el avance del caso. Generó empatía en la oficina del fiscal, que se lo tomó como algo que va más allá del deber en un país en el que todo ayuda y empuja a no cumplir con el deber. Sin la iniciativa, la capacidad, el tiempo y los recursos bien gestionados que Wilfredo les ofrecía, en un lugar donde un depósito de gasolina lleno es todo un lujo para un investigador, los fiscales poco podrían haber hecho.

Días después recibió una llamada de uno de los fiscales solicitándole un vehículo para iniciar las diligencias. Con Wilfredo al volante, la primera parada fue en un cuartel del ejército en el que suponían que se encontraba la hoja de novedades de aquella noche. No acertaron. Tuvieron que atravesar varias veces la ciudad de un cuartel a otro hasta que alguien les dijo que cualquier petición debía ser por escrito y a quién debían dirigirla. Con persistencia, tiempo y una orden firmada por el fiscal jefe, consiguieron el documento que necesitaban. La hoja de novedades que llegó a sus manos, firmada por el oficial de turno en el *checkpoint* del barrio la noche del asesinato de Ebed, solo decía que un hombre pasó en motocicleta disparando a los soldados del control, que se le dio persecución y que logró escaparse. Esa fue solo la primera de las mentiras del ejército. Una mentira que reconocía hechos similares en el lugar el día de autos. Y llegó con una noticia inesperada. Ese detalle de color que eleva un caso particular a la categoría de interés general, de cuestionamiento de toda una política a partir de varios disparos en la calle. Los soldados que persiguieron y asesinaron a Ebed pertenecían al Primer Batallón de Fuerzas Especiales del ejército. Habían recibido entrenamiento de Estados Unidos y tenían aprobación para realizar operaciones conjuntas con soldados estadounidenses. En otras palabras, eran los soldados mejor equipados y entrenados de Honduras, contaban con apoyo extranjero y Wilfredo estaba convencido de que habían matado a su hijo.

Cuantos más detalles descubría, más se enfadaba. Aunque nunca llegué a verlo mucho más que indignado, modesto y agradecido con cada persona que se acercaba a preguntarle, Wilfredo estaba enfadado. Sin mostrar dolor físico ni palabras fuera de tono, con esa cara de buena persona a la que unos modales finos, los lentes y una camisa bien planchada siempre contribuyen, estaba enfadado. Un tipo de enfado que no se canaliza en ira, sino en persistencia y claridad de ideas. Para Wilfredo las leyes existen, y por eso pueden exigirse. Los libros de historia, los informes de los cooperantes internacionales e incluso los periodistas juegan con algunas frases hechas, verdades de barquero que nos ayudan a reducir en mil palabras la densidad de estos países. A veces hablamos de la llegada de la democracia a América Central, de los gobiernos civiles, de la pérdida de influencia del ejército. De la aprobación de constituciones, de códigos de actuación que terminaron, teóricamente, con la arbitrariedad anterior. De una ayuda militar externa que no mata, sino que evita la muerte e impone el Estado de derecho. Algunos ciudadanos, además, quieren que sea cierto. Wilfredo sabe, porque se lo explicó el fiscal después de consultar un código de conducta militar, que los soldados no pueden disparar a menos que se encuentren ante una amenaza directa y existencial. Que hay protocolos de actuación: alto-identificación-intimidación-mecanismos de detención, toda una serie de pasos a seguir antes de disparar, posibilidad limitada a la defensa propia. Que eso sería democracia y que su hijo solo iba armado de un teléfono. Que cualquier otro curso de actuación era ilegal. A esas alturas, el caso ya había saltado a la prensa y la mentira comenzaba a esbozarse desde el poder. La democracia comenzaba a hacer aguas para Wilfredo, hecho a hecho, día a día, como para tantos otros familiares de víctimas lo había hecho antes.

Comenzaba a imponerse el «algo habrá hecho». Honduras otorga más credibilidad al oficial del ejército que protege a la patria que a una víctima civil. Los militares siempre lanzan la posibilidad de que el joven sea pandillero, algo difícil de verificar en el cajón de sastre de los veinte asesinatos diarios que se registran en el país. El jefe del ejército hondureño, el general René Osorio, declaró públicamente que Ebed no se había detenido en un control militar y se merecía lo que le había sucedido. «Lógicamente, cuando un delincuente cruza un retén y no para es porque anda en cosas ilegales» fueron sus palabras exactas. Cuando comenzaron los requerimientos y los presentes en el lugar de los hechos fueron interrogados por la Fiscalía, ninguno de los siete soldados a bordo del Ford recordó ninguna motocicleta, tampoco haberse movido de donde estaban estacionados, menos aún haber disparado en contradicción con su propio parte de novedades.

Pero uno de los soldados, al ver su nombre en los medios y consciente de la salvajada en la que se había visto implicado, en un giro imprevisto —tan imprevisto como lo había sido que alguien venciera al miedo y espiase aquella noche tras una ventana, que tomase los casquillos de una escena de crimen al amanecer, o que Wilfredo saliera con su mujer a buscar el *checkpoint*—, decidió hablar y buscar una salida digna o, simplemente, diseñar una estrategia de defensa diferente a la de sus mandos, abriendo una línea de investigación a la que el fiscal se pudo agarrar para avanzar.

Poco después del interrogatorio, uno de los soldados llamó a su madre y le contó una versión bien diferente de lo sucedido con Ebed. Confesó que le habían ordenado mentir sobre lo sucedido. Su madre, entonces, llamó a una abogada que le explicó que era mejor ser testigo protegido de la Fiscalía que ser acusado de asesinato. Habló con sus compañeros de batallón y al día siguiente varios soldados se presentaron en la Fiscalía y contaron, asustados, su versión. El chico, dijeron, no se detuvo en el control. Aceleró y lo atravesó. Le dispararon. No se detuvo. Le persiguieron con su bestia, con el Ford 350F Super Duty rugiendo en la oscuridad durante varios minutos. No tenía opción. Desesperado, se metió por un callejón estrecho. Los soldados se pararon en la entrada y el subteniente Sierra, al mando de la unidad, sin bajarse del vehículo, comenzó a disparar. Otros dos soldados, siguiendo órdenes, también dispararon. Todo sucedió muy rápido y a oscuras, según su versión. El resultado inmediato ante el que se encontraron los soldados, casi unos niños —ninguno era mayor de 22 años—, fue un cadáver. El joven de la motocicleta estaba muerto y no podían ignorarlo.

A pesar de la impunidad que reina en Honduras, los agentes tuvieron miedo. A los pies del cadáver surgieron los reproches y las discusiones. Pero se impuso la jerarquía y el sentido común: estaban todos implicados y lo más sensato era cubrirse las espaldas unos a otros. Primero, limpiaron la escena del crimen; después, el oficial reportó a su superior, el coronel Juan Girón, jefe de la operación. «Él fue quien nos dijo lo que teníamos que decir… que no debíamos decirle a nadie, mucho menos a la policía, lo que había sucedido», se lee en el expediente de la Fiscalía. Un oficial cambió sus armas (un M16, una Beretta y un Remington, un R15) para que las pruebas de balística no ofrecieran ningún dato concluyente. El fiscal tuvo que solicitárselas en dos ocasiones al ministro de Defensa, Marlon Pascua, que hizo todo lo posible por no facilitárselas.

Wilfredo estaba horrorizado. «Usaron a mi hijo para practicar el tiro». El fiscal Enamorado explica que era correcto perseguir a Ebed, tratar de detenerlo con obstáculos en la carretera e incluso disparar al aire. Pero en ningún caso está permitido disparar a un sospechoso que huye sin presentar amenaza. «Los hechos son despreciables», dijo. «La ley es clara. Ebed no debería estar muerto».

Lo que sucedió después fue un milagro. A los 17 días de abrir el caso, gracias a la insistencia y el apoyo de Wilfredo a la Fiscalía y después de los testimonios de algunos de los arrepentidos, los tres soldados que habían disparado fueron detenidos. Eliezer Rodríguez, de 22 años, autor de los disparos mortales, fue acusado de asesinato y encarcelado. Los otros dos, incluido el subteniente Sierra, el oficial que comenzó a disparar, solo fueron acusados de encubrimiento y violación de los deberes de los funcionarios. A los dos se les otorgaron medidas sustitutivas y esperan juicio en libertad.

De alguna manera Wilfredo había conseguido algún tipo de justicia. Los hechos eran públicos, podían leerse en una acusación de la Fiscalía, y quien había matado a su hijo esperaba juicio detenido en un batallón militar. Eso es mucha más justicia de la habitual en Honduras. Pero, por supuesto, no estaba satisfecho. No lo estará nunca. A fin de cuentas, los soldados se limitan a seguir órdenes y no está de acuerdo con que uno deba pagar por todos, si es que alguna vez alguien, si hay un juicio, llega a pagar por algo. En el ejército, como hemos aprendido en las películas de Hollywood, siempre hay que subir escaleras hacia arriba. Escaleras cubiertas por niebla en las que apenas se alcanza a ver nada. Por supuesto, había más implicados. Además de los soldados que dispararon, el coronel Juan Girón les ordenó mentir sobre el parte de novedades; otro coronel, Reynel Funes, cambió las armas para manipular la prueba de balística, y un tercer coronel, Jesús Mármol, jefe máximo de la Operación Relámpago, la que mantiene Tegucigalpa sellada por el ejército desde poco después del golpe de

Estado de 2009, dijo que nunca había sido informado de los hechos, pese a que su subordinado dice que sí lo hizo.

El ejército sostiene que no hay ningún comportamiento indebido por parte de los oficiales. «Todo eso de las mentiras y el cambio de armas es una novela», me dijo a mí un cuarto coronel, Jeremías Arévalo, portavoz de las Fuerzas Armadas. «Nosotros le hemos dado a la Fiscalía todo lo que nos ha pedido desde el primer día». No contento con esa mentira, me dijo: «Para nosotros el caso está cerrado. Somos unas Fuerzas Armadas responsables y contra la impunidad».

Pero Wilfredo no está de acuerdo. Después de varios meses, logró convencer a la Fiscalía de que investigasen el papel de los oficiales y la cadena de mando, que descubrieran qué había sucedido con las armas. El fiscal llamó a declarar a los coroneles y puso sus contradicciones por escrito.

El caso salpicaba incluso a Estados Unidos, más allá del equipamiento utilizado para cometer el crimen. El coronel que supuestamente ordenó el cambio de armas, Reynel Funes, también trabajaba bajo la aprobación del Gobierno de Estados Unidos. Como casi todos los oficiales de alto rango del ejército hondureño, en 2006 asistió becado a la Escuela de Posgrado Naval de Monterrey, en California, donde se graduó con el título de máster en Análisis para la Defensa. Antes había estudiado en la Escuela de las Américas, en Fort Benning, Georgia. No cuesta demasiado pensar que aquellos ejércitos centroamericanos de la contrainsurgencia y los años ochenta no han cambiado mucho, pese a la supuesta llegada de la democracia a estos países. Y que Estados Unidos, a medida que pasan los años, cuanto más se implica, más se ensucia por seguir ayudando a quien, quizá, no quiere dejarse ayudar.

Por el momento, dos años después, no ha habido mayores avances. El caso de Ebed llegó a la prensa internacional.

Vinieron las televisiones. Entrevistaron a Wilfredo y a los fiscales. Se repitieron los detalles una y otra vez. El mundo lo sabe, pero los responsables no han sido condenados. Probablemente nunca lo sean. Ni siquiera han sido juzgados. Probablemente nunca lo sean. Un suboficial, el que lo mató, continuará una temporada en la cárcel, y cuando termine el período de prisión preventiva, saldrá en libertad. Probablemente nadie más será acusado. En Honduras los expedientes mueren sobre una mesa. Los fiscales que llevaron el caso se fueron a otros destinos. En Honduras, la rotación de funcionarios es una de las claves para conseguir que ningún caso avance. Wilfredo sabe que es difícil que se haga justicia, que se celebre juicio, que su país se quite de encima décadas de corrupción y disfuncionalidad, que algún día sus vecinos no tengan miedo de salir a la calle de noche, que cualquier padre pueda permitir que su hijo camine por un parque o pruebe los límites de la libertad sin temer por su vida, que es imposible que Ebed regrese y que también es posible que a él lo maten por hablar.

MUERTE DE UN TAXISTA

Con tal de no cubrir la campaña electoral, el fotógrafo Moisés Castillo y yo estábamos dispuestos a exhumar cadáveres. Se cumplían 15 años desde que la crecida del río Choluteca, provocada por el huracán Mitch, inundó y destruyó el centro de la ciudad. Esperábamos a que el siempre puntual Mairena viniera a buscarnos para dar una vuelta por las orillas de ese auténtico vertedero en que se ha convertido el río a su paso por el centro. Nuestra idea era tomar unas notas de color junto a los hombres que sacan arena del río para venderla a la construcción, porque se cuenta que, en Tegucigalpa, a veces los picos y las palas que se clavan en la arena encuentran restos humanos. Huesos de los miles de personas que el río se llevó por delante durante el huracán de 1998 y que pasaron a engrosar las listas de desaparecidos de esta ciudad. Miles de cuerpos que nadie tuvo la capacidad de contar o la voluntad de recuperar. El centro de Tegucigalpa es una enorme fosa común que no se cierra nunca.

Uno de los tristes vicios del periodista es buscar metáforas en el paisaje.

* * *

Mientras nos quejábamos de que Mairena no llegaba a tiempo, un amigo suyo, Benjamín Álvarez Moncada, «don Mincho», un conductor de 68 años, esperaba sentado al volante del taxi número 322 a que llegase su turno de buscar clientes. Se encontraba en la parte trasera de la iglesia de Los Dolores, una bulliciosa calle de mercado en el centro de la ciudad, forrada, como todas en aquellos días de noviembre, por la campaña electoral. Don Mincho se dejaba mirar por dos candidatos presidenciales, Xiomara Castro y Juan Orlando Hernández, que le pedían el voto. Quizá, don Mincho fijaría su vista por un rato en la cara del candidato nacionalista Juan Orlando Hernández y se reiría ante su lema de campaña: «Voy a hacer lo que tenga que hacer para recuperar la seguridad». Tal vez los carteles electorales sean invisibles para quien sigue trabajando después de la jubilación porque necesita pagar los medicamentos de su esposa, las facturas, el alquiler, la reparación del carro. Tal vez los carteles electorales sean una agresión a la inteligencia y a la dignidad de un taxista hondureño.

Es a las cuatro de la tarde cuando los oficinistas regresan a casa y los taxistas comienzan la larga jornada de tarde-noche. Pero quien se le acercó a don Mincho caminando lentamente por el lado derecho del vehículo no fue un cliente, sino un sicario de 15 años que le descerrajó tres tiros,

uno en la sien,

otro en la oreja

y otro en el cuello.

Por eso Mairena llegaba tarde a buscarnos. No por culpa del tráfico, sino porque le habían matado a un amigo.

Cuando recibió la llamada que le confirmaba el crimen, Mairena pensó que, esta vez, serían sus amigos periodistas los que habrían de prestarle un servicio. Pensó que la muerte de don Mincho había que contarla. Pensó que, a fin de cuentas, podrían haberlo matado a él. Pensó que trabajar con periodistas debía servirle para algo. Pensó en esa mentira («trabajamos para que el mundo lo sepa») que tantas veces le hemos explicado compartiendo cervezas después de una cobertura. A nuestra proclama pretenciosa él respondió aquella tarde con un lacónico «han matado a don Mincho, hagan su trabajo».

Nunca hicimos el reportaje de los areneros. Caímos en nota roja una vez más.

***

En una ciudad sin transporte público organizado y construida sobre pendientes empinadas y llenas de baches, muchos de los 72 puntos de taxi legales funcionan con una ruta fija y en colectivo. Son el único medio de transporte accesible para quienes no pueden costearse un vehículo propio. Los taxis ocupan una acera y esperan en fila hasta reunir cuatro pasajeros. Cada uno paga diez lempiras (unos 50 centavos de dólar) por el viaje. Suerte tiene el taxista que hace 500 lempiras en un día (unos 25 dólares) después de pagar la gasolina y, en la mayoría de los casos, el alquiler del carro, que ronda los 15 dólares por día. Así se ganan la vida los conductores y así llegan a casa los capitalinos.

En 2012, murieron asesinados 33 taxistas en Tegucigalpa. Uno cada 11 días en una ciudad que es la mitad de Barcelona. En 2013 fueron 41 y en 2014, 60. No es una historia nueva. Es, de hecho, la más habitual, la que mejor conozco, la que más veces he escuchado. Una de las menos contadas.

Cuestión de narrativas. Y esta vez nosotros íbamos a contarla porque así nos lo exigía Mairena.

La primera reacción del colectivo aquella tarde fue cortar el tráfico con sus carros de manera espontánea y sin saber muy bien para qué, mientras caía la noche en una ciudad ya de por sí colapsada. «Paramos», grita uno de sus compañeros. «Dejen a los pasajeros y que se vayan caminando». Nadie contesta. Ni discuten ni desobedecen, ganan tiempo. Ni conductores ni pasajeros se alteran. Es como un proceso de sanación colectiva. Todos se entienden, todos están de acuerdo. Todos quieren llegar a casa. Nadie sabe qué significa parar allí ni para qué sirve. Algunos obedecen y se suman a la asamblea improvisada sin saber qué decir, sin saber cómo ir más allá de un pésame sentido. Las asambleas de los perdedores no tienen líderes ni discursos a los que aplaudir. Se diluyen sin orden ni aprobación de puntos del día. En este caso, después de comentar lo sucedido, se marchan sin abrir la boca y siguen trabajando sin que ni siquiera el cabecilla de la protesta se lo impida. En realidad, todos saben que los pasajeros no pueden caminar hasta sus casas de noche. Es demasiado peligroso, podría pasarles algo. Todos comparten extorsión, trabajo, problemas, miedo, sensaciones. Van en el mismo barco. Ninguno tiene la solución. No pueden enfrentarse a los responsables.

Ellos se cubren las espaldas como pueden. Hay alternativas y saben cuáles son. Alguna vez lo han hecho, me ha confesado Mairena. Todos conocen ejemplos de taxistas hartos de pagar la extorsión que decidieron pagarles a sus extorsionadores con la misma moneda. Las cuentas salen en la ciudad sin ley. Si alguien nos cobra 50 000 lempiras para dejarnos trabajar y nos mata si no se las pagamos, podemos buscar a alguien que por 30 000 lo mate y nos solucione el problema, me han explicado con detalle en varias ocasiones. Pero esta vez no sirve. Requiere muchas agallas. Son trabajadores que prefieren no caer en el salvajismo planificado que se les aplica a ellos.

Todos los sábados, desde hace seis años, meten 5 500 lempiras en un sobre (unos 260 dólares) que un niño recauda sin mediar palabra. Cada taxista entrega 150 lempiras (unos siete dólares) para inflar ese sobre. Hace dos semanas, una llamada telefónica les pidió 20 000 lempiras (unos 1 000 dólares) como aguinaldo de Navidad. No pagaron. Dicen que no pueden. «Juegan con el hambre de nuestras familias. Ya no tenemos de dónde sacar más», me cuenta el taxista más valiente del grupo. «Yo fui a poner la denuncia. Testifiqué tapado con una capucha, para que nadie me reconociera», añade. Y ahora se siente culpable porque cree que la consecuencia de la denuncia ha sido el asesinato. Estaban sobre aviso. «El jueves, este mismo chavo llegó al punto de taxi y le puso la pistola en la sien a otro compañero. Se atascó y no disparó. El compañero se ha encerrado en casa, ha apagado el celular y no quiere hablar con nadie». Su mayor debilidad es su rutina laboral. «Ellos ponen niños que estudian los números de los taxis, la frecuencia de los viajes, los horarios, dónde vivimos. Nosotros de ahí no podemos salir. Estamos atrapados. Somos presa fácil. A don Mincho lo mataron porque estaba primero en la fila. No iban contra él. Atacan al colectivo, no a la persona. Si regresamos, mañana cae otro».

Al día siguiente, las puertas de la iglesia —un galpón a medio construir— aparecieron abarrotadas de vecinos que esperaban en silencio. Mientras los taxistas depositaban el féretro en el coche que lo trasladaría al cementerio, una pequeña carpa del Partido Nacional repartía tarjetas de descuentos a los habitantes del barrio «la Cachureca». El candidato Juan

Orlando Hernández, el defensor de la mano dura, el que miraba desde su cartel electoral a don Mincho cuando le dispararon, regalaba camisetas y registraba votantes. Al menos apagó la música que siempre atruena a los vecinos y viandantes.

Tras el oficio religioso, alguien abrió el ataúd y todos los taxistas desfilaron derrumbándose en llanto, abrazando y besando el cadáver o compartiendo, en privado, sus últimas palabras con quien fue su amigo y compañero. Moisés, el fotógrafo, tuvo la delicadeza de no sacar fotos en ese momento. Para no identificar de ninguna manera a ninguno de los taxistas con una imagen y un nombre que pudieran aparecer en internet días después. Menos aún si ese rostro acompaña un relato, una denuncia en la que las víctimas apuntan a la policía. De regreso a casa y tratando de entender qué tocaba para el día siguiente, uno de ellos explicó que «soluciones solo hay dos: pagar el impuesto de guerra o emigrar a los Estados Unidos».

***

Un día después del asesinato, cuando de nuevo caía la noche, el punto de taxis Los Dolores-El Bosque estaba vacío y, tras perder un día de jornal, los conductores se pedían dinero entre ellos. Dos, tres días después, la situación empeoraba. Alguno de ellos, inspirado por la confianza a la hora de relatarme sus problemas para que yo cumpliera con mi trabajo, me pedía prestado a mí porque no podía cumplir con el suyo. Parece justo. Así seguirían varios días. Yo preguntaba y me iban explicando las divergencias entre ellos, cómo cada uno proponía algo diferente, cómo el grupo se separaba y discutía hasta que pudieron reunir las 20 000 lempiras que los extorsionadores les exigían para dejarlos trabajar. ¿Cómo? Alguien les dio un crédito al 40% de interés con el que pagar la extorsión y así poder regresar a sus 20 dólares diarios de recaudación.

Entre los taxistas que volvían a ofrecer la nuca a los extorsionadores se encontraba Daniel, el nieto de don Mincho, al volante del mismo taxi que manejaba su abuelo. Trataba de conseguir el dinero que pagara las mismas medicinas que habían obligado a su abuelo a volver a trabajar después de la jubilación. Tras cerrar ese círculo, mi relación con la historia se diluyó gradualmente. Ya solo me limitaba a sacar la mano por la ventanilla del taxi de Mairena para saludar con dos toques de claxon cada vez que nos cruzábamos por las calles, y en cuestión de una semana dejé de preguntar, harto de escuchar la misma respuesta que nunca llevaría a ningún sitio.

Dos meses después hubo novedades. El tesorero del punto de taxis de Los Dolores, un tal Henry, el que recaudaba cada semana el dinero de sus compañeros y lo metía en un sobre para los extorsionadores, que llevaba años en la taxeada, al que todos conocían desde niño y que lloró tanto como sus compañeros en el funeral de don Mincho, fue detenido por la recién creada Fuerza Nacional Antiextorsión con una cantidad de dinero de la que no pudo dar explicaciones. Él era quien extorsionaba a sus compañeros. A nadie le sorprendió. No fue noticia. Que el mundo sepa que Henry, un taxista, probablemente muerto de miedo y amenazado, también extorsionaba a sus compañeros, poco le arregla a Lobo, a Mairena o al nieto de don Mincho.

CUATRO TABLONES AL LOMO

Edwin Mejía no quería salir a trabajar aquella mañana. Los 75 dólares que había conseguido el día anterior robando una moto con su amigo eran una fortuna comparados con los cinco dólares diarios que ganaba vendiendo a domicilio las tortillas cocinadas por su madre. El adolescente, de apenas 15 años, remoloneaba en la cama de la casa de madera de una sola habitación que compartía con sus hermanos y le dijo a su socio, Eduardo Aguilera, que había llegado a buscarle para trabajar, que no estaba de humor. «Dale, andá, tenemos que ir», insistió Eduardo, que también acababa de cumplir 15 años. Con el dinero del día anterior Edwin podía comprar un teléfono. Si hoy hacían lo mismo, podría comprarse un par de Nike blancas, las favoritas de los miembros de la pandilla Barrio 18. Edwin cedió. Se tomaron un café antes de dejar sus casas de madera en el cerro y se dirigieron al centro de Tegucigalpa. Era casi la hora de comer. Repetirían la estrategia del día anterior. Edwin manejaba, Eduardo iba detrás. Cuando encontrasen a su víctima, Eduardo la asaltaría y se iría con la moto robada. Fácil.

A varios kilómetros de allí, en el centro de Tegucigalpa, el agente de tránsito Santos Arita empezaba su jornada de trabajo de 12 horas. A los 42 años había pasado casi toda su vida controlando el tráfico en pueblos y aldeas al norte del país. A Arita lo habían trasladado a Tegucigalpa dos meses antes y esperaba con ansiedad un cambio de destino para regresar a su casa. Echaba de menos a su familia. No estaba contento desde que lo destinaron a la capital. Ya lo habían asaltado una vez en un autobús tres jóvenes armados. Tenía miedo de estar en las calles de una ciudad donde se mata por nada. Incluso se lo había contado a su mujer y a sus hijos, pero a él nadie le preguntó si quería ir a trabajar ese día.

En Honduras es ilegal que dos hombres vayan juntos en motocicleta, según una ley que se aprobó para disminuir el número de asesinatos cometidos por sicarios. El delito en este país es fácil, y la moto ayuda a una huida rápida. Por eso, en teoría, solo en teoría, se vigilan tanto. A los chicos, que conocían la ley, les dio igual y se dirigieron al centro. También sabían que casi nunca agarran a nadie. Fue extraño que en una de las ciudades más pobres y caóticas del continente, donde la ley no se suele cumplir, lo que hizo que el destino de dos aprendices de pandilleros se cruzase con el de un pobre agente de tránsito fuera el respeto a un semáforo en rojo.

Poco después de robar la moto, se detuvieron en el semáforo del cruce que hay frente al banco más importante de Honduras. No vieron que a sus espaldas Arita ayudaba a cruzar la calle a una mujer que se protegía del sol con un paraguas. Nadie podría esperar que esa no fuera su única y extraordinaria buena obra del día. La última de su vida. Nadie confía en los policías hondureños, nadie les presupone nada bueno. Al policía, siguiendo la tendencia habitual, no le habría costado nada hacer la vista gorda, no mirar hacia los jóvenes o haberlos dejado pasar. Pero Arita quiso cumplir con su deber.

Lo que sucedió aquel mediodía en el semáforo quedó grabado en una cámara de vigilancia. Cuando Arita vio a los dos chicos en la moto, dejó a la mujer del paraguas y corrió hacia ellos. Tuvo los reflejos de quitar las llaves de la moto y empezó a forcejear con Eduardo, quien, a su vez, logró sacar la pistola y disparar dos veces sin hacer blanco. Edwin daba vueltas alrededor de la pelea, intentado ayudar a su colega. En medio de la confusión, logró que le pasara la pistola. Arita perdió el equilibrio, cayó al suelo y, mientras intentaba levantarse, Edwin le descerrajó dos tiros en la cabeza a corta distancia. Murió en el acto. Con calma, Edwin tomó las llaves de la moto del suelo, esperó a que Eduardo se montara y arrancó. Todo sucedió en 42 segundos.

Los conductores aceleraron para quitarse de en medio. Nadie intervino.

Los dos adolescentes huyeron un tramo en moto antes de abandonarla y seguir corriendo por el centro de una avenida de cinco carriles. Pasaron frente al hotel Clarion, un Burger King y un McDonald's. Trataron de secuestrar un autobús en marcha apuntando con la pistola a su conductor, que aceleró. Un par de fugitivos a plena luz del día tampoco era algo que sorprendiera a nadie en el centro de Tegucigalpa. Todos lo hemos visto. Solo hay que cerrar los seguros, acelerar un poco y pasar de largo sin mirar demasiado para no meterse en problemas. En una situación normal, habrían escapado. Pero habían matado a un policía y, quizá por eso, en esta ocasión los uniformados se pusieron las pilas. Un asesino de policía no escapa si se puede evitar, y dos agentes corrieron tras ellos hasta detenerlos en un estacionamiento al lado del hotel Marriot, en la misma cuadra de la Casa Presidencial, uno de los lugares más vigilados del país. A partir de ahí la policía no dio ninguna explicación de lo sucedido. No permitió el visionado de ninguna de las cámaras de seguridad que captaron el momento de la detención, aunque sí filtró a la prensa la grabación del asesinato.

***

«Comenzaron a pegarnos con las armas y los pies. Me daban en la cabeza con el cañón de un arma, decían todo el tiempo que nos iban a matar», me relata Edwin sentado en el patio de la cárcel varias semanas después. A la paliza se sumaron varias patrullas, e incluso un grupo de soldados. Cuando los policías se dieron cuenta de que miraba demasiada gente, se llevaron a los chicos, ya malheridos, a la central de tránsito de Tegucigalpa. Allí, de nuevo en un estacionamiento y al aire libre, pero ya en dependencias policiales, la paliza continuó durante unas tres horas. «Llegaba uno que me agarraba del pelo y me sujetaba para que otro me diera patadas y puñetazos», recuerda Edwin. También se reían, los insultaban y amenazaban mientras algunos de los agentes tomaban fotos con sus celulares.

A Eduardo lo llevaron al Hospital Escuela, murió cuatro días después. La autopsia señaló que la causa de la muerte fueron más de veinte golpes en la base del cráneo con un objeto, probablemente una pistola. Edwin sobrevivió por casualidad y error. Iban por él. Él había disparado las balas mortales.

Según el fiscal que investigó el caso, Alexis Santos, ninguno de los jóvenes había sido detenido legalmente, algo que habría puesto a un fiscal sobre aviso. No se trataba de una detención, sino de un linchamiento público y una sesión de tortura. La acusación contra los agentes para él es clara: detención ilegal, tortura con resultado de muerte, omisión de los deberes de los funcionarios y encubrimiento. Cree que la muerte de Eduardo fue parte de una política de «limpieza social» que no sería posible sin la colaboración, ya sea por entusiasmo o por omisión, de la prensa local. Ningún miembro del Gobierno o de la policía tuvo que hacer comentarios, defenderse o dar explicaciones porque ningún periodista se lo pidió.

Un periódico local, *La Tribuna*, publicó fotos de los chicos en el interior de las dependencias policiales en las que se veía a Eduardo tirado en el suelo sin camiseta, inconsciente y cubierto de sangre. Edwin estaba contra una pared, esposado, también cubierto de sangre y con los ojos inflamados por los golpes.

La publicación de estas fotos no es un caso excepcional. Suele ocurrir que imágenes de personas torturadas y muertas acaben en los celulares de fotógrafos locales. El fotógrafo que recibe este tipo de fotos sabe quién se las envía, las comenta por *whatsapp*, incluso las publica. Pero en casos como este, el informador no ejerce de periodista, no investiga los hechos, no denuncia, no cuestiona, no pierde tiempo en pedagogías sobre los protocolos de detención que marca la ley. Se convierte en cómplice y propagandista del crimen. La foto publicada tiene una intencionalidad ejemplificadora.

A los periodistas que publican estas fotos ni se les pasaría por la cabeza colaborar con la Fiscalía. Dicen que tienen miedo. No es cierto, no tienen miedo de sus amigos los policías, trabajan con ellos. Se retroalimentan. He tenido tiempo suficiente para conocerlos: estoy convencido de que creen que la policía actúa correctamente. Como lo piensan sus jefes, los editores del periodismo hondureño, como lo piensan la gran mayoría de los lectores, que no solo aprueban los hechos, sino que piden más sangre. La epidemia de crímenes que sufre el país ha dado pie a una cultura del ojo por ojo y diente por diente. «Son demasiado peligrosos para dejarlos con vida, personas así deberían morir», escribía un lector tras la publicación de las fotos. «Qué lástima que no mataron al otro, ojalá que en Tamara (la prisión) lo violen y lo maten», pedía otro. «Una rata menos en el mundo», se alegraba un tercero.

El fiscal resume la situación en una frase: «La gente se pregunta por qué investigamos si ese fue el que mató al policía». Pero Santos, a diferencia de la prensa, sí investiga, aunque no espera encontrar pruebas que permitan incriminar a la policía. Cuando pidió los nombres de los agentes que participaron en los linchamientos, le dieron una lista de todos los agentes de tránsito de servicio ese día, incluso los que estaban a kilómetros de distancia. En total, más de cien. Además, ninguno está obligado a testificar. En este caso, el fiscal no tiene asistente, ni carro, ni motocicleta para salir a investigar. Ni nadie que lo proteja cuando encare a los supuestos asesinos, que visten el uniforme de la policía. Que también, no lo duda, podrían llegar a hacerle una visita no deseada.

* * *

Tras el asesinato del policía, en Ocotepeque quedó una familia pobre y rota. Me encontré con ellos en un hotel de la ciudad, a ocho horas de la capital, varias semanas después del asesinato. La compañera de Arita, Suyapa Pineda, de 28 años, llegó acompañada de sus tres hijos, Joaquín de 14 años, Jairo de 11 y Marjorie, de 6. «Mi papá es policía, pero lo asaltaron», dice Marjorie, que varios meses después aún piensa que su papá está trabajando y vendrá a visitarla. Los niños tenían hambre. O eso me dijeron. Tras saciarse, me llevaron a su casa. Los miembros de la policía hondureña, cuestionados por su corrupción e implicación en asesinatos, viven en condiciones lamentables. No tan diferentes a las de sus asesinos. Cuando pisé la vivienda, pensé que podría intercambiarse con la de cualquier pandillero. Rodeada de barro, era apenas un cuarto con suelo de cemento, un precario techo de lámina que dejaba entrar el agua y dos de sus cuatro paredes compuestas por tablones de madera. «Cuando se cierra la puerta, tiembla toda la casa», explica el hijo mayor, Joaquín. El único mobiliario son dos camas, un sofá desvencijado, un par de mesas y un foco. No tiene agua corriente y la cocina es un fogón de madera. «Los niños recogen por la mañana y ahí cocino», dice Suyapa. «Dos días antes de que lo mataran, se había ido a Tegucigalpa con 200 lempiras (10 dólares) y nos había dejado 200 a nosotros. Santos pasaba 12 horas sin comer ni beber, al sol, en el tráfico, y decía que cuando ya no podía más, le pedía unas lempiras a alguien para comer su tortilla y beber su agüita», explica Suyapa justificando por qué los policías se ven obligados a pedir pequeñas mordidas a cambio de no poner una multa de tráfico.

«Después de que lo mataran, cuando fui a Tegucigalpa, estuve en la posta en la que vivía. Un cajón horrible, con frío y calor, donde duermen todos juntos, con la puerta abierta, sin intimidad. Se bañan en un barril de agua. Ni les dan de comer. Todo el mundo dice que los policías roban y matan. Pero un policía que roba y mata no vive en una casa de madera ni viene a su casa pidiendo jalón. La mayoría de los policías son muertos de hambre inofensivos. Por uno pagan todos. Si uno no ve la realidad de la vida de un policía, no tiene derecho a juzgarla».

Solo Joaquín, que ha dejado de estudiar y trabaja vendiendo pinturas por un salario de 5 dólares al día para ayudar a su familia, ha visto el video de la muerte de su padre. «Me sentó bien verlo. Mi papá fue un héroe. Ahora lo sé. Mi papá fue un buen policía. Era un policía honesto. En la escuela me dijeron que a mi papá lo habían matado porque trataba de extorsionar a la gente. Le pegué fuerte al que lo dijo». Aun con lo que ha visto, o precisamente porque lo ha visto, Joaquín quiere ser policía. «Mi padre siempre me lo decía, que fuera comisario o general».

De camino a la casa desde el hotel en el que la conocí y sin sus hijos delante, Suyapa comenzó a recordar anécdotas del policía y descubrí que, al igual que Joaquín, también lo llamaba papá.

—Yo no pierdo un esposo. Yo pierdo un padre, me dijo.

—¿Cómo así?

—Él me recogió de la calle cuando tenía 11 años y me crio como un padre. Nunca nos faltó nada de lo que él podía darnos. Me cuidó como a una hija a mí y a los hijos que me hizo. Yo le quería como a un padre. Darle hijos no me gustaba mucho, pero me cuidaba bien.

***

En el correccional de menores de Tegucigalpa, Edwin espera juicio. Sentado en una silla en el patio de la prisión no parece alguien dispuesto a disparar fríamente contra un padre de familia, sino un niño desubicado. Pero las imágenes no mienten. Fue él.

—No terminé el quinto grado. Dejé la escuela el noviembre pasado, hace un año. Mi papá se fue con otra hace cinco años y nunca volvimos a saber nada. Mi mamá tiene 11 hijos. Solo uno que es albañil trae algo a la casa a veces. Yo salía de la escuela a las 12:00. El negocio de mi mamá es hacer tortillas y yo las entregaba por las casas. Mi mamá puede sacar 300 lempiras al día, y después de pagar la leña y el maíz, le pueden quedar 100 al día para dar de comer a seis hijos que viven con ella. Yo soy el más pequeño. Dejé la escuela porque las tortillas hay que entregarlas antes de las 12:00 porque son para el almuerzo, y si estudiaba no llegaban a tiempo. Estaba muy apretado porque perdíamos clientes. Al otro le conocía de dos meses, de la colonia, pasaba en la esquina parado y él me empezó a hablar porque me conocía de verme salir a vender las tortillas. Me fue diciendo que fuera con él a robar. Nosotros éramos ladrones. Pero solo era la segunda vez que yo salía a robar con él.

—¿Por qué le disparó al policía?

—Robamos la moto e íbamos a entregarla. El policía quitó las llaves de la moto. Todo fue muy rápido. No escapé porque iba con él (el otro) y porque yo ahí no conocía. No había estado nunca, no salía más que de mi colonia, la Sinaí, hasta la Joya, que está al lado, al centro de Tegucigalpa yo no he ido. No conozco, no sé a dónde ir, hay policía por delante y por detrás, y ando sin licencia y con moto robada. Me agarran fijo. Por eso el otro peleó. Y yo no supe qué hacer. La pistola era suya, no mía. Disparar un revolver es fácil, es como un hechizo, es darle y ya, no es como una pistola, que es más difícil. Con el trabajo de las tortillas uno saca para tener los tres tiempos de arroz o frijol o tortilla, pero uno no tiene para un celular, para unos tenis, para un pantalón. Me arrepiento. Claro que me arrepiento. Ahora me dicen que me van a echar ocho años. Mi mamá cuando viene a verme me hace llorar. Aunque casi no llega a verme porque deja de vender las tortillas y ese día no hay ingresos, y en la casa no come nadie y no tiene para pagar el transporte aquí ni traerme nada. Yo no soy asesino, yo era ladrón de llevar dos días robando. Dos motos. Yo no he fumado mota, ni piedra, ni cocaína en mi vida, ni alcohol. Yo estaba empezando, caí por papo.

A Edwin le esperan ocho años de reformatorio y prisión. Alguien como él tiene suerte si llega a cumplirlos. En septiembre tuvo que ser hospitalizado de nuevo. La policía volvió a golpearlo dentro del centro de internamiento de menores de San Pedro Sula. Cuando lo vi por primera vez casi no podía caminar solo por las palizas. Uno de los guardias dice que en Honduras alguien que mata a un policía «carga cuatro tablones al lomo». Es un muerto andante que ya ha dejado su legado al ciclo de la violencia que azota el país. Quizá por eso un año más tarde se escapó de un centro de menores junto a otros 14 miembros de su pandilla.

Joaquín, el hijo del policía, me había dicho que «quería ser policía para matar pandilleros», pero a medio camino se hizo Emo, imagino que por tristeza, y terminó por enfadarse conmigo al ver esa frase publicada. Probablemente tenía razón en su enfado. Suyapa y Joaquín viajaron varias veces a Tegucigalpa. Primero el Gobierno y la cúpula policial homenajeó a su padre durante la celebración de la fiesta nacional de Honduras. Después, el Congreso les dio un diploma en el que se calificaba a su padre de héroe. Les prometieron ayuda, una casa, becas de estudio para los niños. Pasaron los meses. Suyapa me contactaba regularmente para explicarme que no podía tramitar los papeles para la pensión porque vivían en unión libre y no en santo matrimonio. De las becas y la casa nunca volvieron a oír hablar. No era oficialmente viuda. En realidad, ella no le importaba a nadie. Cuatro meses después del asesinato, el día antes de las elecciones, le pregunté al candidato oficialista, presidente del Congreso, Juan Orlando Hernández, por el problema de Suyapa. Delante de mí le ordenó a su jefe de campaña que resolviera inmediatamente lo que tuviera que resolver. Ganó las elecciones. Hoy es presidente de Honduras. Su jefe de campaña es jefe de la mayoría en el Congreso. Esa llamada nunca tuvo lugar.

Semanas después de conocerlo, a través de Facebook, Joaquín volvió a repetirme aquello de lo que teóricamente se arrepentía, y me dio una pequeña lección sobre la cobertura de nota roja: (*sic*) «siéndole sincero espero la muerte de ese perro! Ya no siento alguna *compacion* por ese! Y me *gustaria* seguir charlando pero con lo que se publica de mí no tengo confianza con los periodistas en general. Linda noche!». Cuando la vergüenza del periodista que narra y desconecta comenzaba a disiparse en el olvido, Joaquín arremetió de nuevo. «Hola, Alberto. Ya veo que a pesar de todo no me equivoqué. Nadie me dio ayuda».

LA MALDICIÓN DE LA GEOGRAFÍA

Las ciudades más peligrosas, los hombres más gordos y el
último superviviente de las trincheras de Normandía

UNA GUERRA DESCONOCIDA

San Pedro Sula no ha estado siempre en el mismo sitio. Hace varios siglos los colonos españoles decidieron trasladarla de lugar para protegerla de los constantes ataques de los piratas. Hoy se encuentra situada al norte del país, a menos de una hora de la costa del Caribe.

San Pedro Sula se extiende en forma de cuadrícula, más horizontal que vertical, como toda ciudad colonial sin capacidad para empalmar rascacielos. Rige un urbanismo de círculos concéntricos de pobreza y marginalidad, colonias de aluvión separadas del centro de la ciudad por carreteras radiales. Estas tierras de nadie ofrecen unas estadísticas de violencia que, según un amigo matemático, si se produjera un mínimo descenso de la natalidad, vaciarían la ciudad en 87 años.

El trayecto de tres horas desde Tegucigalpa al Valle de Sula conviene hacerlo de día por seguridad. Además de eso, hay que tragarse atascos, atravesar montañas, desfilar ante una base militar norteamericana, acelerar por llanuras, comerse un pescado frente al lago de Yojoa y, al final, aburrirse a lo largo de una recta de más de 20 kilómetros que desemboca

ofreciendo una inmejorable vista de la planicie más rica y violenta de Honduras.

* * *

El alcalde, Juan Carlos Zúñiga, es un joven cirujano, fornido y elegante, de barba afilada. No tiene problemas en reconocer que el lugar se encuentra, de nuevo, amenazado por una violencia a la que las autoridades no son capaces de hacer frente. Moverla de nuevo de lugar no sería la solución, porque es imposible esconderse de la violencia en Honduras.

La entrevista es breve y protocolaria. Zúñiga está harto de la coletilla «el lugar más peligroso del mundo», y trata de defender su gestión aportando detalles que no le interesan a casi nadie. Hace lo que puede, lo que dicta el manual de la cooperación internacional, que deja cuartos y establece protocolos, pero que, hasta el momento, no ha servido de nada. Sentado en el sofá envejecido y de mal gusto que trata de darle un aire acogedor a su despacho, el alcalde se rodea de varios asesores y desgrana como un disco rayado números y proyectos con tan poca intensidad que, con el relato del segundo albergue donde se enseña un oficio a niños de la calle, desconecto y comienzo a releer mis notas.

Mis notas están llenas de muertos:

- En Honduras mueren asesinadas 85 o 91 personas por cada 100 000 habitantes, según la fuente sea local o internacional. Con estos datos, a los periodistas nos encanta definir Honduras como «el país más peligroso del mundo».
- En San Pedro Sula mueren asesinadas 166 personas por cada 100 000 habitantes al año. Con estos datos, a los periodistas nos encanta definir San Pedro Sula como «la ciudad más peligrosa del mundo».

• La Organización Mundial de la Salud ha decidido que a partir de ocho la violencia es epidémica. Un país europeo medio, como España, no llega a uno.

A los periodistas nos ponen las ciudades más peligrosas, los hombres más gordos y el último superviviente de las trincheras de Normandía.

Con estas cifras, parece más sensato visitar las urgencias de un hospital que el despacho del alcalde.

* * *

El Mario Catarino Rivas parece el nosocomio de un país en guerra, de esos que despiertan la solidaridad y la indignación internacional. Atiende una guerra desconocida y de baja intensidad. Saturado, con instalaciones anticuadas, precarias y regadas de sangre que nadie tiene tiempo para limpiar, al hospital le faltan hasta las camillas para recibir a los pacientes, y son sus acompañantes quienes deben cargarlos desde el vehículo hasta la entrada, moverlos de cama en cama o de colchón en el suelo a colchón en el suelo. También los lavan y los alimentan, y les compran medicamentos, gasas y jeringuillas. Basta con llegar a la puerta y pasar. En el caos de Honduras no es habitual pedir permisos para trabajar. Los médicos tienen bastantes problemas como para preocuparse de ocultarle algo a la prensa.

Todos los médicos del servicio de urgencias son estudiantes en prácticas. Natalia Galdámez es uno de ellos. Consulta su hoja de ingresos de las 10 de la noche: 19 pacientes con signos de violencia, la mayoría varones de entre 15 y 25 años heridos por disparos y machetazos. La versión de los heridos es siempre que alguien llegó y les disparó sin mediar palabra. Con algo hay que rellenar la casilla del formulario.

Varias de las personas ingresadas aquella noche en el hospital eran víctimas de un tiroteo en el billar de Choloma. El hijo de una de las fallecidas nos propuso llevarnos hasta el lugar donde, según dijo, yacían reventadas al menos tres personas más. Aceptamos. Hay tantas balaceras en la ciudad que sabíamos casi a ciencia cierta que la carnicería seguiría en el mismo lugar una hora después de cometida. Cuando nos bajamos del taxi ni siquiera había llegado la policía, y los únicos valientes que se atrevían a arremolinarse en la puerta del billar, un poco entornada, eran un par de adolescentes con familiares muertos dentro del minúsculo local. Es difícil olvidarse del olor de la sangre regada por la tela de una mesa de billar, del tamaño de las heridas de escopeta, de los vasos de guaro* derramados junto a los cuerpos, de la irrelevancia de sus muertes, de las horas que tardan en levantarse los cadáveres, de lo fácil que sería, si uno quiere, entrar y hacer desaparecer los casquillos si fuera necesario. Es imposible no dejarse afectar por la facilidad para hacer el mal que impregna la noche de San Pedro Sula. Es imposible no enfadarse cuando compruebas que no puedes hacer una foto por falta de ángulo. Es imposible no pasar miedo ante los cadáveres, el silencio, la oscuridad, los muertos, los jóvenes en la puerta y la sensación de estar totalmente vendido si los asesinos desean regresar. A veces pasa. Regresan. Pese a eso, a una hora del hotel y media hora de la gasolinera más cercana, las ganas de mear pueden llevarte a doblar la esquina del local contra cualquier lógica. Mirando continuamente a los lados. Agudizando el oído por el terror de que alguien aparezca por detrás de entre las sombras y te agarre en una posición en la que no puedes echar a correr. Así fue, me pegué a la

---

*El guaro es aguardiente de caña.

pared, caminé y llegué a la parte de atrás, el único lugar en el que mear sin alejarme demasiado de la gente y al mismo tiempo suficientemente resguardado como para que no me vieran orinar al lado de los muertos y lo tomaran como una falta de respeto. Al levantar la cabeza, vi un ventanuco cubierto por un plástico negro con un agujero en el medio lo suficientemente grande como para ver los cadáveres en el interior del local. La foto. El plano.

—¡Esteban! ¡Ven a ver esto!

—¡Púchica! Vaya foto, compañero, déjame intentarlo —dijo sin mirarme mientras acercaba el objetivo al agujero.

—¿Te abro más el agujero? —pregunté—. Es plástico y puedes pillarlo todo —propuse.

—No, ni se te ocurra tocarlo. Nosotros no podemos tocar nada para hacer una foto.

Esteban Félix me enseñó mucho sobre periodismo durante los dos años siguientes. La foto de los cadáveres vistos a través del agujero del plástico negro le valió a Esteban el World Press Photo.

* * *

De vuelta al hospital, mientras charlábamos con la doctora, seríamos testigos de cómo Natalia y sus compañeros lograron salvarle la vida, casi sin medios, a un hombre que tenía la parte posterior del cuero cabelludo cortada a machetazos, y de cómo un anciano con un disparo en el estómago sobrevivió a la extirpación de un riñón. Los médicos le entregaron el órgano a su sobrino en una bolsa de plástico para que lo llevase a analizar, un gasto que el hospital no podía asumir. La doctora, como muchos de sus vecinos, está harta y desmotivada. Dice que con su experiencia preferiría trabajar en algún destino bélico antes que quedarse en su propia ciudad para taparle heridas a esta guerra sorda a la que nadie quiere llamar guerra.

* * *

Honduras no es más que un pequeño país al que le ha caído encima la maldición de la geografía, la desafortunada carga de ser el lugar de paso para la droga que llega a Estados Unidos, un país mula al servicio de los consumidores de cocaína estadounidenses, un territorio alquilado para el placer de otro. San Pedro Sula es el punto de parada y fonda de una cadena de suministro que termina en los bares de Manhattan o las fiestas de Harvard. Un gramo de coca en Honduras cuesta 10 dólares, en México, 30. En Nueva York, más de 100. «Si ellos no consumieran, nosotros no viviríamos lo que vivimos», es la frase que se escucha con más frecuencia cuando se piden explicaciones. En el momento más nihilista de nuestras noches hondureñas, siempre nos gusta soltar eso de que cada tirito horizontal sobre la mesa es un hondureño muerto.

San Pedro Sula comparte con La Ceiba y con el departamento de Cortés, en la frontera con Guatemala, un índice de asesinatos que como mínimo duplica al promedio nacional, y que multiplica por 100 el promedio de cualquier país europeo.

Según un estudio de la ONU, el 13% del PIB de Honduras está relacionado con el tráfico de drogas. Si en el pasado la cocaína llegaba hasta Estados Unidos directamente desde Colombia, en los últimos años el tráfico se ha canalizado a través de Honduras. La tendencia se acentuó especialmente desde la crisis institucional que siguió al golpe de Estado de 2009.

El presidente Manuel Zelaya fue sacado de su cama a punta de fusil en vísperas de la consulta popular para convocar una asamblea constituyente que muchos consideraban como deriva chavista. Fue entonces cuando los encargados de aplicar la ley cayeron definitivamente en el desorden. Dedicaron sus fuerzas a estabilizar al gobierno y reprimir a la oposición, antes que a frenar «narcovuelos». Estados Unidos y la Unión Europea suspendieron sus programas de asistencia antidroga. Ningún país del mundo reconoció al Gobierno golpista. Una de las consecuencias del golpe de Estado fue una especie de fiebre del oro de la cocaína. Se dispararon los vuelos directos. Desde entonces, el 90% de la cocaína que ingresa en Estados Unidos transita por América Central.

Emilio Ulloa es el gerente de seguridad de Dole, la bananera más grande del mundo y la mayor propietaria de tierras de la costa caribeña. Con esa sinceridad del testigo lúcido e impotente, me contó cómo las pistas de fumigación de la empresa fueron utilizadas como «narcopistas» al menos cuatro veces entre 2006 y 2008, es decir, antes del golpe de Estado. Grupos de hasta cuarenta hombres fuertemente armados llegaban en camiones, reducían y ataban al solitario guardia con revolver y descargaban la mercancía del avión. «El combate es desigual», se lamentan. «El narco juega al ataque y ni siquiera hay combate». Es una guerra asimétrica. A un lado, los policías hondureños con míseros salarios y mal equipados; al otro, sicarios mejor armados defendiendo cargamentos que valen millones de dólares.

Más que limitarse a ser un tipo de violencia, el narcotráfico es la dinamo que alimenta todas las violencias del país. Actúa como una multinacional que crea empleo mediante subcontrataciones locales. Una multinacional tan poderosa que termina por penetrar y corromper todas las estructuras del Estado.

La frontera entre la delincuencia común y el crimen organizado se ha diluido en los últimos años por culpa de la cocaína. El sicariato, los crímenes por encargo y los ajustes de cuentas que piden los cárteles de las drogas los realizan ahora las pandillas que antes robaban teléfonos o asaltaban bancos. Esto ocurre, en parte, porque los narcos han comenzado a pagar los servicios de transporte con droga en vez de con dólares. Les resulta más fácil y barato. Pagar en especie o con cupones en el economato de la fábrica siempre ha sido parte de las estrategias de dominación de los propietarios sobre los empleados. Y eso se traduce en una guerra de baja intensidad desarrollada entre pandillas, bandas de pequeños *dealers,* extorsionadores y unas fuerzas de seguridad que cruzan la frágil línea que separa la ley del delito, situándose indistintamente de un lado u otro.

En Honduras aún no ha comenzado una guerra por el control de las rutas, como ocurre en el México de los cárteles. Salvo hechos aislados, en Honduras aún no hemos visto masacres de dos docenas de personas a la vez, ni decapitaciones sistemáticas, ni cuerpos sometidos al ácido, como ocurre en el México de los cárteles. Pero lo que sí se ve en Honduras es a civiles inocentes muriendo en el fuego cruzado entre ejército y narco, como también ocurre en el México de los cárteles.

LA COSTA DE LOS MOSQUITOS

I. El lugar

Gracias a Dios, nombre oficial de La Costa de los Mosquitos, es un departamento tan aislado que ni siquiera el turismo de aventura ha clavado aquí sus arneses. La mayor parte de su territorio es una mezcla de selva con manglares, pantanos y llano inundable. Solo hay una carretera de tierra, inutilizada parte del año, que une la capital departamental, Puerto Lempira, con algunas aldeas. Al resto de los lugares de tránsito de la región, apenas manchas marrones en la inmensidad verde, se llega en avioneta, helicóptero o lancha, aquí llamadas pipantes, que surcan ríos convertidos en autopistas fluviales.

La densa vegetación de la selva de La Mosquitia es el paraíso de las pistas de aterrizaje de las avionetas que despegan desde la frontera entre Venezuela y Colombia cargadas de cocaína. Se construyen en menos de 24 horas con la ayuda de todos los hombres del pueblo, que ganan por ese día de trabajo el equivalente al sueldo de un mes.

El 11 de mayo de 2012, el embarcadero de Paptalaya amaneció con cuatro cadáveres.

Al fotógrafo Rodrigo Abd y a mí nos llevó tiempo desplazarnos hasta el lugar. Primero hubo que decidir si los reportes de derechos humanos que nos transmitían desde allí eran fiables, discriminar propaganda de realidad, y después, una vez que tuvimos claro que realmente había sucedido algo importante que solo parecían reportar algunos blogs activistas, tomar la decisión de que valía la pena cubrirlo. Que *The New York Times* estuviese en camino, empujó bastante, porque esas batallitas por la competencia aún dinamizan nuestro trabajo de vez en cuando. Conseguir boletos de avión desde Tegucigalpa hasta La Ceiba y alquilar una avioneta del tamaño de un Seat Panda para pasar vértigo sobrevolando esa mezcla de bosque húmedo y pantanos repleta de pistas de aterrizaje, es la parte fácil. Aguantar que Rodrigo le pidiese al piloto que se inclinase para sacar fotos, puro sacrificio para ganarle dignamente a la competencia con una colección de detalles y fotos más peculiares que los suyos. Preguntar sobre lo sucedido, el objetivo del viaje.

II. Los hechos

La madrugada del 11 de mayo de 2012, Celin Eriksson, un joven de 17 años, espera en el embarcadero de Paptalaya la llegada de unos familiares que viajan en pipante. A Celin le avisaron que esa noche habría trabajo descargando una avioneta en un pista cercana al pueblo, pero hoy ha preferido renunciar a los 100 dólares de jornal. Otros vecinos sí han acudido. Es un trabajo sencillo: pasar la droga de la avioneta a un vehículo, cobrar y desaparecer. Del resto del proceso se encargan los propios narcos, generalmente mexicanos. Son ellos quienes conducen hasta el pueblo para cargar la droga en una pipante atracada en el mismo embarcadero en el que Celin espera a sus familiares. Cuando Celin ve aparecer a un grupo de unos cuarenta narcos en camioneta, decide que lo más sensato es esconderse. No es miedo —los vecinos están acostumbrados a convivir con ellos—, solo prudencia.

La madrugada del 11 de mayo de 2012, dos helicópteros de la policía hondureña, en los que viajan varios agentes de la agencia antidrogas de los Estados Unidos, están vigilando la zona de Paptalaya. Observan a un grupo de hombres cargando fajos de droga en el embarcadero y deciden intervenir: varios comandos encapuchados descienden por una cuerda desde el helicóptero y aseguran la posición sin disparar un solo tiro. Antes de huir, los narcos han podido empujar a la deriva la lancha cargada de droga, con la esperanza de poder recuperarla más tarde.

El helicóptero aterriza frente a la casa de Sandra Madrid, la más grande del embarcadero de Paptalaya, que funciona como abarrotería y despachadora de los pasajeros que se embarcan en los pipantes río arriba y río abajo. Seis agentes derriban la puerta a patadas, arrojan al marido de Sandra al suelo y lo tienen durante dos horas con una pistola en la cabeza mientras le preguntan con insistencia si él es el Renco, si trabaja para el Renco, si la droga es del Renco. Dos policías hondureños y un agente de la DEA se embarcan en una pipante, cuyo gasoil y motor han requisado en el garaje de la casa, y se aventuran por el río en busca de la droga que navega a la deriva, mientras el resto de los agentes interrogan a los vecinos y registran las casas.

Celin ha visto a los hombres encapuchados descolgándose por cuerdas desde los helicópteros. Tiene miedo de que lo confundan con un narco y le disparen en la oscuridad, así que decide que, en esta ocasión, lo más sensato es dejarse ver. Los soldados lo detienen y se repite el protocolo aplicado en la casa de Sandra Madrid: le apuntan con un revólver a la cabeza y, entre amenazas de muerte, le preguntan por el Renco. Tras un rato de interrogatorio, los encapuchados lo obligan a caminar por la orilla del río en busca del bote con la droga, por si hubiera encallado. Después de andar un kilómetro, los agentes reciben una orden de radio para que abandonen la búsqueda. A Celin lo dejan esposado y le ordenan que no se mueva.

Mientras Celin está sentado con las manos atadas en la orilla del río, una pipante se acerca al embarcadero. Va lleno de civiles dormidos, de sillas de plástico y de vegetales para vender en el mercado. Entre los viajeros se encuentran Tom Brooks y su madre, Clara Woods, a quienes Celin debe recibir y acompañar hasta su casa. En ese mismo momento, los agentes de policía que han asaltado la casa de Sandra Madrid navegan nerviosos, incapaces de manejar el pipante e intentando encontrar, en medio de la oscuridad, la barca cargada de droga que los narcos soltaron a la deriva. Delante de ellos, surge un bote lleno de bultos. Se sienten amenazados. Tienen miedo. Saben que los narcos no están lejos y que pueden defender su cargamento. Hablan por radio con el helicóptero y piden cobertura desde el aire. Comienza el tiroteo. Dispara primero el helicóptero. Después, los agentes del pipante vacían sus cargadores contra los viajeros dormidos, las sillas de plástico y los vegetales. Cuatro pasajeros mueren.

Sentado con las manos atadas en la orilla del río, Celin ha escuchado los disparos.

III. Los muertos

Hilda Lezama, propietaria de la barca atacada, de unos 12 metros de longitud y con capacidad para unas 25 personas, recuerda lo sucedido tirada en una cama del hospital de la misión Morava de Ahuas. En la pierna derecha tiene un orificio de bala por el que entraría un puño. «Armamento de guerra como el que vi en Irak», me dijo el misionero médico norteamericano que la trataba. Ella viajaba dormida, como casi todos los pasajeros. El ruido de un helicóptero la despertó segundos antes de que comenzase el tiroteo. Dice que dispararon la primera ráfaga desde el aire y el helicóptero dio varias vueltas alrededor de la embarcación antes de disparar al menos dos ráfagas más. Cuando los supervivientes ya trataban de alcanzar la orilla a nado, el helicóptero encendió un foco para localizarlos. ¿Por qué no lo hizo antes de disparar?, pregunta. Lucio Nelson, con varias heridas en la espalda y los brazos, y Wilmer Lucas, que perdió una mano por los disparos, me contaron lo mismo desde sus camas en el hospital de La Ceiba. Oscuridad, ruido, disparos desde el aire y, después, luz y agua. Hilda, Lucio y Wilmer tuvieron más suerte que Tom Brooks, el primo de Celin. Tom murió junto a Emerson Martínez, Candelaria Trapp y Juana Jackson. Ninguno de los supervivientes recordaría haber visto la lancha de los agentes. El estruendo de las aspas impidió que oyesen los disparos. Todos coincidían en que nadie abrió fuego contra el helicóptero y en que nadie iba armado en el pipante.

Varios días después me llevaron a ver el pipante atracado en el landín en espera de reparación. Pude contar hasta veinte orificios de bala en el fondo y las paredes laterales de la lancha. Por alguno de los agujeros entraban dos y hasta tres de mis dedos. Pese a que los testigos narran que fue un helicóptero el que les disparó, las autopsias dijeron que los cuatro muertos habían fallecido por heridas de bala disparadas a su misma altura, con orificios de entrada y salida que presentaban líneas horizontales. Según la Fiscalía, los mató la lancha en la que dos agentes hondureños y uno norteamericano trataban de buscar la droga. Y eso marca la diferencia. ¿Dispararon hondureños o disparó un norteamericano? Los norteamericanos no están autorizados a disparar más que en un caso de legítima defensa. Y quizá este no lo fuera.

IV. El contexto

Cuando el ejército detecta una pista, trae al cuerpo de ingenieros de Tegucigalpa. Los soldados descienden del helicóptero, colocan las cargas de dinamita y las explosionan. A continuación los narcos regresan a tapar los agujeros de la pista o, si los daños son muy graves, construir otro trazado paralelo al día siguiente. Es fácil y rápido: con un simple tractor puedes construir una pista en menos de 24 horas.

En esta guerra en bucle gana el narco. Tiene a su favor la geografía, la falta de medios de la policía y el ejército, y la miseria de la zona.

El alcalde de Ahuas, Lucio Baquedano, ha intentado muchas veces convencer a los vecinos del pueblo para que no construyan una pista de aterrizaje tan próxima a la aldea. «Pero nadie nos hace caso», dice frustrado. «Yo no puedo oponerme al pueblo. Porque ellos no tienen fuentes de trabajo».

El hombre que nos alimentó y nos dio posada durante los días que pasamos en Ahuas, Gerald Rivera, dice que la gente de la zona es pobre y se pasa todo el día sentada. Él mismo es pobre y se pasa todo el día sentado. Explica que la poca agricultura que hay en la zona solo sirve para no pasar hambre. La única alternativa de trabajo es ir a bucear la langosta al mar, un oficio peligroso que los jóvenes rechazan. Cada vez hay menos langosta, lo que obliga a bucear a mayor profundidad. La falta de equipamiento adecuado y las prisas por salir a la superficie —para sacarle más rédito a la jornada de trabajo— provocan numerosos casos de descompresión. Muchos mueren o se quedan paralíticos. Entre ellos triunfa un resentimiento lógico: «Con lo que vale la mitad de uno de esos helicópteros, se pondría una maquila en el pueblo para que la gente trabajase y el problema quedaría resuelto».

La relación entre miseria y apoyo al narco es tan nítida que hasta los altos cargos policiales usan discursos de activista comunitario. Es el caso del comisionado investigador Bonilla. Identifica el problema como lo identifica el presidente de la República, como lo identifica el coronel y cualquier adolescente del pueblo. «No hay trabajo, ni sanidad, ni educación. Están abandonados por el Estado, que no tiene recursos para invertir. En ausencia del Estado, ha llegado alguien que invierte, cantidades mínimas, en construcción de pistas y trabajos de descarga. El narco llega a una aldea aislada y les lleva víveres, medicamentos, un generador eléctrico o un panel solar. Si el Estado lo hiciera, los miskitos no permitirían que el narco entrase, porque saben que es ilegal y que tarde o temprano les creará problemas. Además, el narco primero da, pero después presiona y amenaza. El problema no es que construyan pistas. El problema son los narcotraficantes, y esos no están en la Moskitia, sino en Tegucigalpa y San Pedro Sula, en Bogotá, en Caracas y en Miami. No lo dude».

Filiberto Pravia no puede dejar de reírse. Se toma la vida con mucha calma y muy buen humor, aunque a primera vista impresiona esa escopeta que saca de la gabardina negra que le llega hasta los pies. Ha debido ensayarlo muchas veces delante del espejo, después de estudiar el movimiento de Clint Eastwood en alguna película del oeste de serie B. Es tan inofensivo, pese a su arma, como acogedor y diligente. Se aloja en el mismo hotel que los periodistas, vaya uno a saber cuál es el acuerdo al que ha llegado con un propietario que evidentemente no le cobra. Es el jefe de los tres policías que mantienen la presencia del Estado en una casucha de adobe y sobreviven con tres pistolas, una escopeta de cañones recortados, treinta balas y los jalones que les da el alcalde cuando necesitan llegar hasta algún lugar. Pravia explica que a ellos nadie puede pedirles que se enfrenten a los grupos de hasta cincuenta personas con armas largas que pueden congregarse cuando hay transportes de drogas. No quiere meterse en líos y añade que cuando alguien les avisa que van a llegar, se cierran en su posta policial y esperan a que se vaya el problema. El comisionado Bonilla me ofrecerá otra estadística desoladora: en un territorio de 16 000 kilómetros cuadrados con 88 000 habitantes, solo hay sesenta policías, de los cuales cuarenta están en la cabecera departamental, Puerto Lempira, y los otros veinte, en cuatro estaciones policiales diseminadas por toda la Moskitia. No poseen ni lanchas ni vehículos.

La noche de autos, Filiberto escuchó a los helicópteros y se dirigió hacia el río tras ser avisado por los vecinos. Cuando llegó, al amanecer, vio a los mismos vecinos que le habían avisado prendiendo fuego a varias casas del pueblo que, supuestamente, eran propiedad de quienes habían organizado el cargamento. «¿Qué voy a hacer yo contra los vecinos enfadados con machetes y latas de gasolina? Suerte tuve que pude correr». Pravia explicó lo mismo que el alcalde, lo mismo que los comandos hondureños y estadounidenses sabían. Que el narco se llama Renco.

«Como todo el relajo se montó por culpa del Renco, pues los familiares y los amigos de los muertos fueron a quemarles las casas por narcos, porque por su culpa todos pagamos». Pero de ese hecho, de la identidad del Renco, nadie tiene ningún detalle. Nadie habla de los narcos en Honduras. Alguien quemó cuatro casas. ¿Quién? Vecinos. ¿Por qué? «Porque estamos hartos». Y se impone el silencio, el impotente «me quebrarán si hablo con vosotros». Las casas quemadas nunca serán reconstruidas. El pueblo les avisó que no movieran cargamentos tan cerca de los civiles. No les hicieron caso. Llegaron los problemas. Funcionó la justicia popular inmediata. El periodismo en zona narco tampoco es tan complejo. Muchas veces, con que la visita sea rápida y no se pidan demasiados nombres, es suficiente. ¿Sabían todo eso las autoridades antes de que muriesen cuatro civiles inocentes? Por supuesto que sí. Todo el mundo lo sabía. ¿Podían haberse evitado las muertes en un Estado funcional? Probablemente, sí.

V. LAS CONSECUENCIAS

El Gobierno de Estados Unidos abrió una investigación interna y se negó a hacer público el video de la operación filmado por su helicóptero. Nunca entregó a las autoridades hondureñas las conclusiones del informe elaborado por la DEA, que dirigía la operación, ni el arma utilizada por el agente estadounidense en la barca. Lo único que los periodistas recibimos de Washington fue ese recurrente concepto de defensa propia que anula cualquier cuestionamiento posterior a los hechos. El operativo se defendió de una agresión y los asesores de la DEA no participaron en el tiroteo. La culpa, por supuesto, del hermano pobre. Todo un clásico.

Hubo ruido durante varios meses. Una investigación de la Fiscalía hondureña, delegaciones de ONG estadounidenses de derechos humanos, ruedas de prensa, artículos en los medios gringos tratando de escudriñar hasta el último detalle de lo sucedido aquella noche. Y, como siempre, muchas prisas. Los grupos de derechos humanos asumieron desde el primer día que las dos mujeres muertas estaban embarazadas. Aportaba mucha más tragedia a la denuncia (civiles, mujeres embarazadas), aunque le quitaba precisión y credibilidad. Pero esos embarazos nunca pudieron demostrarse. Insistieron tanto que varios meses después dos fiscales y un forense se desplazaron en un helicóptero pagado por Estados Unidos, desenterraron los cadáveres, prácticamente descompuestos por la humedad, y certificaron que no habían encontrado rastros de fetos. Esa mentira, o esa verdad imposible de demostrar, les sirvió a algunos para poner en duda los hechos sucedidos aquella noche. Nunca sabré si exageraron o no, si mintieron o si era cierto que las mujeres estaban embarazadas, pero no me cabe duda de que la falta de precisión, por más bienintencionada que sea, no ayuda a ninguna causa. El periodista que se ve obligado a reportar solo hechos probados, y no cae en especulaciones, se convierte, desde el punto de vista de los defensores de los derechos humanos, en un agente del imperio.

La justicia hondureña no actuó. Aunque hubiera querido, que quizá quiso, no hubiese podido hacer nada. Pidieron a su socio norteamericano los interrogatorios de los oficiales estadounidenses que habían participado en el operativo. Nunca los recibieron. Pidieron las armas utilizadas para realizar pruebas de balística y determinar quiénes habían hecho los disparos mortales. Nunca las recibieron. El fiscal, de alguna manera, tiró la toalla con el perfil más bajo posible. No podía enfrentarse él solo contra los gobiernos de Honduras y Estados Unidos. Nadie cooperó con él.

Más allá de la justicia con las víctimas, lo que a Honduras le preocupaba era perder el apoyo económico y militar del vecino del norte. La Ley Leahy (propuesta por el senador demócrata por Vermont Patrick Leahy) obliga al Departamento de Estado a cancelar el apoyo destinado a las fuerzas policiales o militares extranjeras si se demuestra que estas han cometido violaciones de los derechos humanos. Es decir, si el dinero de los contribuyentes estadounidenses está siendo utilizado para matar civiles hondureños que viajan por un río, la financiación debe ser suspendida. Y eso significa perder todo aquello que el amigo pobre no puede permitirse: los helicópteros, los asesores, los radares o el gasoil que levanta las naves en vuelo.

Tras el incidente de Ahuas, la oficina del Senador Leahy pidió detalles sobre lo sucedido y no se quedó satisfecha con las respuestas proporcionadas. Para mantener la financiación exigió una investigación transparente y una serie de condiciones que nunca se cumplieron. La principal, la primera de la lista, y además la única que no tenía que ver con la investigación, era indemnizar a las víctimas y reconocer el error, como había propuesto el comisionado policial que firmó el informe sobre lo sucedido. Pero «las autoridades hondureñas no quieren dar ejemplo ni sentar un precedente», me dijo en Washington Tim Rieser, mano derecha del senador Leahy. Rieser y Leahy decidieron que la Operación Yunque, con los helicópteros y sus asesores a bordo, no tendría continuidad, y así fue. Unos cuantos agentes antidrogas perdieron su trabajo. Ningún helicóptero financiado por Estados Unidos, al menos públicamente, ha participado en operaciones de intercepción de drogas en La Mosquitia hondureña desde entonces.

Después de la matanza de Ahuas y de la cancelación de la Operación Yunque, Honduras desempolvó una vieja idea «pragmática» que llevaba tiempo seduciendo al ejército y la clase política hondureña: derribar las avionetas en el aire. Como consecuencia de este cambio de política, Estados Unidos suspendió también la información de radar que antes compartía con la inteligencia hondureña. El resultado fue desastroso: si en 2011 se decomisaron en Honduras alrededor de 20 toneladas de cocaína, la cifra cayó a 6 toneladas en 2012 y 2 toneladas en 2013.

El Gobierno hondureño no solo no renunció a su política de derribos, sino que terminó por convertirla en ley. En 2014 el Parlamento sancionaba legalmente el derribo de aeronaves civiles que sobrevolasen La Mosquitia de noche y sin plan de vuelo previamente aprobado por las autoridades. «Honduras tiene derecho a defender su soberanía, y son las leyes hondureñas las que deben aplicarse, y no las norteamericanas», me explicaron a lo largo de toda una mañana el presidente y sus ministros del área de Seguridad. Asumiendo que en el momento en que se derribara la primera avioneta, Estados Unidos dejaría, de nuevo, de compartir información de radar con Honduras, el Gobierno decidió gastarse 25 millones de dólares en un radar comprado a Israel.

Gabriel García Márquez, en su discurso de aceptación del Premio Nobel, *La soledad de América Latina*, dijo que «la violencia y el dolor desmesurados de nuestra historia son el resultado de injusticias seculares y amarguras sin cuento, y no una confabulación urdida a 3 000 leguas de nuestra casa».

CASAS, ATAÚDES Y GRAFITIS

Un ataúd, un voto

CAMPO DE REFUGIADOS

Alejandro Durón no es taxista, ni indígena que habite en la selva, ni ensamblador en la maquila de los suburbios conflictivos de San Pedro Sula. Es un analista de sistemas de 34 años con el que solía coincidir en las copas posteriores a las actividades del Centro Cultural de España en Tegucigalpa. En una de nuestras rondas, Alejandro me contó cómo un día recibió un sobre por debajo de la puerta de su casa. Le exigían el pago de 50 000 lempiras (unos 2 500 dólares). En la amenaza, los extorsionadores también detallaban sus rutinas. Lo habían vigilado. «Si no pagas, te pueden matar», dice Alejandro sin dudarlo. Si pagas una vez, nunca te dejarán en paz.

El mismo día que el sobre apareció bajo su puerta, Alejandro y su pareja, Helen, decidieron no regresar a casa. Se fueron a dormir a otro lugar y le pidieron a un vecino que le llevase comida al perro. Tardaron más de una semana en regresar, y solo durante pocas horas para ir recogiendo cosas. Dejaron una casa en propiedad —los ahorros invertidos, la hipoteca, los planes, la habitación para el niño que aún no tienen, el salón en el que almacenaban todas sus películas

y libros, el trabajo y los recuerdos de toda una vida juntos—
por la casa de alquiler en la que viven desde entonces. Nunca pusieron una denuncia, por supuesto. «¿Para qué?, ¿para
encontrarme con el extorsionador en la comisaría?», se preguntaba Helen.

El caso de Alejandro y Helen no es excepcional. Cuando
empecé a preguntar a mi alrededor, descubrí que mucha gente conocía a alguien a quien le había sucedido algo parecido.

Cecilia, que trabaja para una organización internacional en
Tegucigalpa, me dijo que en menos de un mes había recibido
una llamada telefónica en el trabajo y otras dos en su casa pidiéndole dinero. Tenían detalles sobre sus rutinas de entrada
y salida. Cambió sus números de teléfono y trató de olvidarse
del problema. No le pasó nada. Pero durante varios meses
no circuló tranquila por la ciudad. Un vecino español decidió
regresar a casa tras recibir una llamada. Una amiga farma-
céutica pidió ayuda a una ONG para que intercediera con una
pandilla que la estaba extorsionando. Tuvo que devolverlo en
favores: había sido policía en el pasado y mantenía buenos
contactos dentro de la institución, contactos que le sirvieron
para que la policía soltara a un preso de la pandilla. Otros
pagan en metálico lo que se les pide. Muchos se van.

Todos somos víctimas en potencia en un país donde la victi-
mización es la regla y no la excepción. La extorsión telefónica
en la capital con más homicidios del planeta es algo de lo
que casi nadie se escapa; el papelito por debajo de la puerta
da más miedo aún, porque implica cercanía física. Algunas
de estas extorsiones las realizan pandilleros o presos desde la
cárcel. Solo hace falta consultar una guía telefónica y llamar
aleatoriamente. El método ensayo error funciona, es cuestión
de probabilidades. Siempre hay alguien que se asusta y paga.
Los extorsionadores también pueden ser vecinos, compañeros

de trabajo o amigos resentidos, todos ellos con información valiosa sobre la víctima. Quienes acaban de heredar o vender una propiedad, quienes tienen un familiar en el extranjero que envíe divisas o quienes trabajen para una organización internacional y cobren en dólares tienen más opciones de que alguien trate de cerrar un negocio fácil a su costa. A la lista de posibles extorsionadores hay que añadir a la policía. Si un preso puede extorsionar desde una cárcel, qué no podrá lograr un policía armado con acceso a toda la información.

Helen y Alejandro son activistas políticos, curtidos en la resistencia al golpe de Estado y, por lo tanto, están acostumbrados a las amenazas y a la tensión. A diferencia de la gran mayoría de hondureños que guarda silencio, ellos sí se atrevieron a contar su historia *on the record*. Hablan porque son resistentes. Cada año queda menos gente que recuerde la Tegucigalpa de antes de que el infierno comenzara. Evocar «los buenos tiempos» es importante para ellos. Alejandro cuenta que hace ocho años, cuando quería tomar una decisión, salía a pasear o se montaba en un autobús de ruta y recorría la ciudad durante una tarde entera. Ahora no camina. Hace ocho años que no camina por la ciudad y que no se relaciona fuera de lo que llama el círculo de confianza. En Honduras ya no existe el concepto de comunidad más allá de ciertos círculos muy privados, familiares o laborales, en los que todo el mundo se conoce. Esta dinámica favorece el aislamiento de la sociedad, fragmentada en grupos cada vez más pequeños, paranoicos e irremediablemente inconexos entre sí. En Honduras se miden las palabras, actitudes y respuestas, siempre en función del temor a quien pueda ver o escuchar. A partir de una celebración poco discreta en un café, de ese brindis por un ascenso o de esa confidencia con un compañero de trabajo, puede llegar la pesadilla.

Los problemas en Honduras son micro, macro, a izquierda y derecha, atacan de lejos y de cerca, a pobres y clasemedieros. En un Estado más o menos ideal se enseña a ver los impuestos como ese jarabe agrio que provoca arcadas pero se toma porque cura enfermedades. Cada mes metemos una cantidad de dinero en la caja común para que de una manera diferida, cuando necesitemos ir al hospital o cumplir el año en la universidad, podamos permitírnoslo todos. Pero en Honduras, el gran recaudador no es el Estado, sino la extorsión. De esa competencia por los recursos nace gran parte de la violencia.

Como siempre, siguiendo un protocolo profesional diseñado hace muchos años a muchos kilómetros de Tegucigalpa, fui a preguntarle a la policía. Como si una policía corrupta y disfuncional pudiera convertirse en fuente creíble.

* * *

Al despacho de la relaciones públicas de la jefatura de policía de Tegucigalpa se llega a través de una puerta tan accesible como lo estaría la de cualquier pulpería de mercado: dispuesta, sonriente, acogedora y a pie de calle para ofrecerle su mercancía al cliente con esa hospitalidad que tanto abunda en las oficinas de la administración hondureña y de la que tan difícil resulta zafarse con dignidad. La mesa donde trabaja la licenciada Ana Velásquez está situada en el vestíbulo del edificio, junto a una colección de fotos de familia, flores de plástico y gatitos de porcelana perfectamente ordenados. No es más que la antesala, demodé y bien setentera, del departamento de propaganda. Por Honduras aún no han pasado los jefes de comunicación ni los *community managers* 2.0.

Un periodista extranjero se convierte inmediatamente en exótica pieza de caza por estos lares. Basta con un par de frases

—«soy el corresponsal de», «vengo de parte de»— para que se me abran todas las puertas y se cambien todas las prioridades de la oficina. El periodista extranjero es para ellos un vocero inmejorable para lavar su imagen. Están ansiosos por romper la capa de aislamiento y rechazo que los separa de la sociedad a la que dicen proteger.

—¿En qué lo podemos ayudar?

—Fíjese que estoy preparando una historia sobre las personas que deben abandonar sus casas por la extorsión de las pandillas y me gustaría…

—Ha llegado en el mejor momento.

No tengo tiempo ni de terminar. El acento y la mención de un medio extranjero han servido para que la licenciada llame directamente a su jefe, el subcomisionado Harold Bonilla, y concierte la entrevista para ahora.

—El jefe lo espera, acompáñeme.

—Pero si yo no quería molestar, solo quería…

Antes de darme cuenta estoy entrando por la puerta de un despacho modesto, funcional, de hombre de orden. De un militar. Una sala en la que cuatro hombres beben té con hielo y se divierten en confianza antes de ser interrumpidos por un invitado imprevisto e incómodo. Se levantan solícitos y me hacen hueco. Comienzo a desconfiar. Esto no es una entrevista.

Lo primero que emerge a través de la inmensa sonrisa del diminuto subcomisionado Bonilla es un corrector dental con gomitas azules que le quita todo aire de solemnidad. El jefe de la policía de Tegucigalpa, además de luchar contra las maras y el crimen organizado, se está corrigiendo los dientes, no me atrevo a preguntarle si por estética o necesidad. A su lado, el simpatiquísimo inspector Barahona, jefe de la policía comunitaria y de proximidad, uno de esos subordinados que repite sin cesar la última frase de su jefe para darle fuerza y dotarla de énfasis. Un obeso mórbido al que le cuesta horrores levantarse del sofá y al que, por supuesto, no me atrevo a decirle que no es necesario que lo haga solo para saludarme a mí.

Junto a ellos, dos personas a las que Bonilla presentará varias veces a lo largo de la próxima hora como representantes del «sector privado». Tantas veces como insistirá, durante su discurso, en que la policía, carente de medios, necesita sus aportaciones económicas para disminuir el nivel de violencia que enfrenta la ciudad. Trabajan para el Banco Lafisse y la empresa de seguridad privada SGS. Prefiero no preguntarles sus nombres ni intercambiar tarjetas de visita por discreción y para no abrumarlos con más incomodidad de la que mi presencia sin aviso en esta reunión ya les ha creado.

Igual que su jefa de prensa, el subcomisionado Bonilla tampoco me deja explicarle lo que he venido a buscar. Me he convertido en un periodista cautivo, dirían algunos. Cautivo de la realidad. Algo sacaré de aquí, me digo, antes de empotrarme en su reunión. Ya sé que no están interesados en responder a mis preguntas sobre las casas abandonadas por sus habitantes ante la presión de las pandillas, como tampoco lo estuvo el jefe de la unidad antiextorsiones, que se escapó de su despacho mientras me dirigía a la cita. Traté de seguirlo en la calle, pero me dio un esquinazo profesional de quitarse el sombrero, girando veloz por direcciones contrarias.

El subcomisionado deviene en político y resuelve mis preguntas con un correcto eufemismo: «la violencia no debe mirarse solo a través de una de sus manifestaciones, sino de manera integral, y por eso estamos tratando de cambiar la cultura del país. Eso es lo que queremos mostrarle». Vamos, que me van a soltar su chapa, su Power Point convertido en escudo protector, sin aceptar preguntas. Indisimuladamente contento por mi cautividad, al contrario que sus invitados, tira la casa por la ventana, ordena traer más refrescos y el cañón proyector. Lo que iba a ser una charla informal entre un funcionario público y sus financistas, se ha convertido, después de una larga batalla contra la computadora y sus cables, en una larga y aburrida presentación de filminas sobre la pared. No hay manera de escaparse. Ahora toca aguantar hasta el final.

Para Bonilla, la solución a la violencia es aplicar el «enfoque integral», como él lo llama: llevar a los líderes de las diferentes colonias a participar en encuentros con la policía para romper el hielo y convencerles de los grandes frutos que puede dar la colaboración y el trabajo comunitario. Encuentros, eso sí, que cuestan pisto,* un pisto que la policía no tiene y con el que el sector privado debe implicarse para que la seguridad llegue a Tegucigalpa.

El inspector Barahona, que parece todo menos un experto en la lucha contra las pandillas —la batalla perdida por la policía menos contada de todo el continente—, explica que la recuperación de las casas ocupadas por los pandilleros «es solo la parte operativa, la más fácil, la que se resuelve llevando un gran número de agentes a la zona». Operaciones de saturación, las llaman. La policía llega haciendo ruido con las sirenas. Despacio. Dando tiempo a las «banderas», los niños que vigilan, para que salgan corriendo en todas direcciones y avisen a sus hermanos mayores: «Cayó la jura, cayó la jura». Los agentes se evitan problemas regalando esos minutos para que los pandilleros se vayan. Nunca encuentran a ninguno, como mucho interceptan un AK de regalo para mostrárselo a la prensa. Molestarán durante un par de horas al barrio, poniendo a todos los jóvenes contra la pared y cacheándolos en vano, romperán un par de puertas de madera, revolverán

* Pisto, en América Central, es una forma de llamar al dinero.

un par de casas. Avisarán a la prensa de que ya puede pasar cuando las fotografías estén preparadas y se irán.

En todo caso, el trabajo real, el que puede llevarle la paz a una colonia pasa por conseguir la colaboración de los vecinos o, dicho con lenguaje Power Point, estrechar lazos con la comunidad. Bonilla y Barahona se autoproclaman responsables de que a finales de 2011, la M-18 abandonara hasta cuatrocientas casas que ocupaban en la colonia Planeta en San Pedro Sula.

Para demostrarlo muestran fotos «encontradas en una USB que le incautamos a un marero». En ellas puede verse a pandilleros posando ante inmensos murales llenos de letras y serpientes, pertrechados con AK-47, Galil y mini Uzi, fotos de casas abandonadas, comercios cerrados y de lo que llaman «el matadero», el salón de una casa lleno de sangre y ropa tirada por el suelo en el que ejecutaban a sus víctimas. Para ratificar el éxito de su estrategia, me muestran fotos en las que Barahona aparece posando en los mismos lugares, ya liberados, con la misma naturalidad y bonhomía relajada con la que posaría ante la torre de Pisa o las pirámides de Egipto. Como empleo de vacaciones en Mordor.

Hacen hincapié en los grafitis. Han sustituido esos *eighteen* góticos que tanto le gustan a la pandilla para marcar su terreno por inmensos murales de paisajes en paz y mensaje bíblico. «Hemos descubierto que la única pintura que ellos no destruirán es la que viene inspirada por el Señor», explican los policías. «Esto funciona siempre. Contra la policía pueden luchar, contra Dios no se atreven». El subcomisionado Bonilla lo achaca todo a la mano de Dios. Una bandera de Israel preside su despacho y otra el fondo de pantalla de su Blackberry. Pertenece a una de esas sectas evangélicas que infestan la zona y lo solucionan todo situando a las víctimas de la vida con las manos hacia el cielo, las palmas abiertas y en estado de trance a través de unas canciones horribles. De ahí, quizá, esa sonrisa perdida que se les queda.

Pero la pintura que le sirve a Dios como atajo para llegar al barrio y a la policía para ejercer como su intermediario en la Tierra, cuesta dinero, por supuesto. La comida y los frescos de la reunión con la comunidad que organizan para el próximo domingo en la colonia Buenos Aires cuestan dinero, por supuesto. Un dinero que la policía no tiene. Por eso el sector privado, que ha aplaudido tras la presentación, ha venido a colaborar con la policía.

Sin más dilación, cuando los iPhone del sector privado comienzan a impacientarse y dejar disimuladamente que comiencen a actualizarse los *whatsapp*, llega el momento estelar de la representación. La licenciada Velásquez ha sacado de su bolsa una cámara de fotos. El subcomisionado estira la bandera de Israel sobre su mesa para que se vea bien y todos se disponen, en pie, a posar para la foto. No sin antes meterme en una trampa.

—Señor periodista, es una gran oportunidad que usted esté aquí para dar fe de este momento tan importante. Acérquese y ejerza de testigo, me dice el subcomisionado.

—Mire que no debo, subcomisionado, que esto excede mis funciones.

—No se preocupe, está usted entre hombres de fe. Aquí todo es recto y trabajamos en nombre del Señor. Además, usted ya es parte de este proyecto divino. Ya es uno de los nuestros.

Avergonzado, bajando la cara y subiendo la libreta lo más posible, simulo que escribo, pero en realidad trato de cubrirme para que no se me identifique al día siguiente en el periódico. Lo peor no es que el sector privado le esté entregando su aportación en un fajo de billetes de 500 lempiras sin recibo al jefe de la policía de Tegucigalpa. Ni que el subcomisionado afirme, mientras se mete el dinero en el bolsillo, que el garante de su buen uso será la Iglesia. Lo peor es que esa foto podría salir publicada mañana en toda la prensa hondureña y me haría partícipe de su negocio.

Una vez que el sector privado se ha ido, me hago el remolón e intento continuar con mi trabajo. Quiero saber si pueden ayudarme a llegar a una colonia en la que los pandilleros están vaciando casas. Trato de convencerlos para que me dejen asistir con ellos a la reunión del domingo y participar de esos frescos y empanadas que acaban de financiar con 15 billetes de 500 lempiras que ahora descansan en el bolsillo del jefe de la policía metropolitana de Tegucigalpa.

—El domingo, en la colonia Buenos Aires, pondremos una urna en la que los vecinos podrán explicarnos de manera anónima lo que no se atreven a denunciar oficialmente. Yo le conseguiré alguna persona que esté dispuesta a hablar, siempre los hay, no se preocupe, confíe en mí.

Bonilla y Barahona quieren «agradecerle a Dios por la llegada milagrosa de su nuevo aliado». Bonilla me agarra de una mano y Barahona de la otra y formamos un triángulo celestial. Bonilla improvisa una oración que tiene por objeto agradecerle a su Dios la presencia de un periodista dispuesto a colaborar con su proyecto. Cada dos o tres frases, Barahona le suelta la mano a su jefe para elevarla hacia el cielo como en un concierto de *gospel* y susurrar «apóyanos, Señor».

Las puertas están abiertas, desde luego. Lo que no tengo claro es que alguien se haya acordado de encender la luz.

Pasaron varios días y el encuentro con la comunidad que el sector privado financió en efectivo y ante las narices del periodista, nunca se celebró. La cita era un domingo a las nueve de la mañana en la posta policial de la colonia Estados Unidos, en Tegucigalpa. Tras un par de horas de espera, desistimos. Ni los agentes del distrito ni los vecinos habían oído hablar nunca de esa reunión. Nadie apareció.

El lunes, cuando tuve tiempo para regresar a la jefatura de la policía metropolitana a pedir explicaciones por el plantón, la licenciada Velásquez se defendió con todo un clásico irrebatible: «problemas de agenda», y se deshizo de mí dirigiéndome al despacho del subcomisario Miguel Martínez Madrid. «Él sí podrá ayudarle, tiene un programa de televisión, no sé si ha visto *Cops* en la televisión, él sí conoce bien las necesidades de la prensa».

La relaciones públicas tenía razón, Martínez Madrid es el ejemplo perfecto de lo que un periodista consideraría una buena fuente. Joven, elegante, educado y presumido, parece un policía de los años cincuenta. La nueve milímetros que lleva al cinto lo delata como policía, pero su despacho pasaría perfectamente por el de un abogado o un médico de clase alta. Su diagnóstico parece más centrado que el de sus superiores. Esta forma de actuar es típica de los empleados públicos de segundo nivel, los que participan en el sistema sin modificarlo ni una coma. No creo que sean más honestos que sus jefes, pero sí menos hipócritas. Al menos no escapan de las preguntas ni ocultan la realidad.

La realidad de Martínez Madrid es que, a pesar de la gravedad de los desplazamientos, nadie —ni la policía, ni el Ministerio Público, ni las agencias de Naciones Unidas que trabajan en Honduras— es capaz de dar cifras exactas. El número de casas acaparadas por mareros aumenta en Tegucigalpa, no así el de denuncias. «Aunque tengamos información de Inteligencia respecto a los lugares en los que el problema se ha detectado, no podemos allanar las viviendas si no existen denuncias», reconoce Martínez Madrid.

Las víctimas son refugiados invisibles sin tiendas de campaña que sobreviven sin acciones de solidaridad de ninguna ONG europea. Ni siquiera las propias víctimas se ven a sí mismas como refugiados. Para eso sería necesario que alguien reconociera que en el país ha estallado una guerra.

La misma noche en que hablé con Martínez Madrid, Oscon Armando Ochoa, de 82 años, no tuvo la oportunidad de huir de quienes lo extorsionaban. Le dispararon siete veces a bocajarro en el interior de su casa.

* * *

Francisco Moncada vive en el centro de Tegucigalpa, a pocos metros del Parque Central. Cada noche se junta con algunos vecinos para charlar en la puerta de casa y fumarse un cigarro o sacar a pasear a su perro. Desde hace varios años no puede hacerlo sin llevar su pistola encima. Tiene una de las casas más bonitas del barrio, construida en la década de los cuarenta, y cuenta que ni siquiera se atreve a pintarla porque los pandilleros se darían cuenta de su posición económica y lo extorsionarían, como le sucedió al negocio contiguo. Dice que a ellos les pidieron 20 000 lempiras (unos 1000 dólares) y que pagaron. «Esta antes era una zona bonita, donde se podía estar y pasear; ahora está llena de ruinas y basura. Tegucigalpa es una ciudad muerta».

Moncada se asustó tanto al ver mi reportaje publicado que decidió cargar contra mí y me escribió este mensaje: «Yo recuerdo que tuvimos una conversación en mi barrio, al frente de mi casa, para ser exactos, pero nunca usted buscó de mí una entrevista, ni me pidió permiso para publicar lo conversado.

Considero peligroso y atrevido exponer mi caso para llenar unas líneas, le di la confianza que se le da a un extranjero, le abrí las puertas de mi casa, nunca le di una entrevista. Si le confié mis ideas sobre pintar o no pintar mi casa fue con el único propósito de que usted tuviese una impresión de la realidad, no para que me expusiera. Si usted estuviera en riesgo tomaría un avión. Yo tendría que ahorrar todo un año para poder salir si iniciaran las extorsiones. Piense sobre lo que hizo».

Tengo la conciencia tranquila como periodista. Seguí las reglas al identificarme, explicarle que estaba buscando impresiones sobre las extorsiones en viviendas y pasarme un buen rato con él tomando notas, libreta en mano, preguntándole detalles y pidiéndole sus datos. No la tengo, por supuesto, como persona. Si le pasase algo, me culparía. Su miedo es el mío.

UN ATAÚD, UN VOTO

Buscaba información sobre un asesinato, pero me encontré con ataúdes regalados.

Había ido a la morgue judicial de Tegucigalpa, uno de esos puntos de peregrinación periodística diaria a los que se recurre para recopilar reacciones, revisar cifras o buscar fuentes con las que tratar de explicar lo que sucede. Es el lugar de transa sobre las dos *commodities* de las que Honduras camina sobrada: pobreza y muerte.

En la morgue me encuentro con Luis Membreño, que llora desconsolado por su hermano Marvin, de 19 años, asesinado de tres disparos en la cabeza pocas horas antes en una colonia marginal de la ciudad. Junto a él estaban los familiares de Marco Almendárez, un guardia de seguridad de 52, y los de José Jamaca, un joven de 29, también asesinados.

En aquel grupo de personas tristes solo desentona una persona.

Se llama Carla Majano y, a pesar de mostrarse visiblemente compungida, no es familiar ni vecina de la familia, sino una profesional de la política. Trabaja en el área de Medio

Ambiente de la municipalidad y actúa en los barrios y a las puertas de la morgue como «contacto» para que las familias más pobres, aquellas que entierran a sus deudos envueltos en una sábana, puedan acceder a ataúdes y velas gratis. La funcionaria, que carga carpetas y dos celulares, explica que en poco más de medio año ha puesto en contacto a 45 familias con la Funeraria del Pueblo.

Si en otros países los políticos regalan láminas para el techo de las chabolas o tenis para ganar el voto de la población más humilde, en Honduras se regalan ataúdes y funerales. Honduras, un tanatorio con bandera y constitución.

El programa no surge por la ola de criminalidad que afecta a Honduras, sino como parte de la campaña política de Ricardo Álvarez, alcalde de Tegucigalpa. La Funeraria del Pueblo funciona desde un local destartalado, lleno de polvo e invadido por el ruido del tráfico de la calle, a pocos pasos del centro histórico de la capital. Está lleno de ataúdes de todos los materiales y tamaños (grises para los adultos, blancos para los niños), de cajas de velas y de paquetes de meriendas. Su presupuesto es de 150 000 lempiras mensuales (unos 7 600 dólares). El de la familia Membreño es el ataúd número 701 que la funeraria ha entregado en lo que va del año; desde su fundación, en 2006, ha regalado casi 5 000 ataúdes.

La política de ataúdes gratis provoca pérdidas a las funerarias privadas: el ataúd más barato cuesta en torno a 2 500 lempiras (unos 125 dólares), a lo que hay que sumarle el transporte, la levantada de tumba y la parcela. Todo el servicio en una funeraria privada, con velorio incluido, puede ascender a 20 000 lempiras (unos 1 000 dólares), y el salario mínimo en Honduras está fijado en 6 000 lempiras al mes (unos 300 dólares). El programa de la Funeraria del Pueblo ofrece lo mismo por cero lempiras.

José Gutiérrez, empleado de la Funeraria Santa Rita, pegada al edificio de la morgue, se queja de la competencia desleal que los políticos le hacen a su negocio. «Nosotros somos vendedores, por supuesto, pero tenemos nuestro corazón; cuando una familia muy pobre no puede pagar, nosotros mismos llamamos a los responsables de los ataúdes gratuitos».

Pero esta batalla comercial no es solo entre la Funeraria del Pueblo y las funerarias privadas. Si un programa político tiene éxito y se acerca una campaña electoral, surgen imitadores. Es el caso del empresario y aspirante a la alcaldía Tito Asfura, cuya política funeraria es menos exigente y más arbitraria que la del alcalde. Asfura puede prescindir de la burocracia municipal que empantana a la institucional Funeraria del Pueblo.

—Tito Asfura lo hace mejor que Ricardo Álvarez, él no pregunta ni pide llevar papeles, incluso da el dinero para la gasolina y, a veces, la comida —explica Felipe León, otro «amigo» que espera a las puertas de la morgue para recibir el cadáver de Jamaca y llevárselo al cementerio.

El tercer competidor es el presidente del Congreso, Juan Orlando Hernández. Su programa De Regreso a Casa es de alcance nacional y cubre el transporte desde la morgue hasta el lugar de origen del muerto, ya sea la cuadra de al lado o la selva de La Mosquitia. Es el modelo elegido por la familia del tercer muerto, Marco Almendárez, originario de la ciudad de Comayagua, y por lo tanto no apto para las ofertas funerarias del alcalde y del candidato a suceder al alcalde.

Ese dinero sale de gastos de representación y del fondo de reptiles del Congreso de Honduras. Con este dinero que no hay que justificar, algunos políticos regalan ataúdes, otros pagan maestrías en Europa a los hijos de sus aliados o viajes de compras a Miami a sus operadores políticos en los barrios.

Pero es sabido que siempre se puede caer más bajo.

* * *

De madrugada, frente a la morgue, hay tres *pick-ups* llenas de cadáveres envueltos en bolsas de plástico blancas. Los funcionarios que participan en el traslado quieren terminar rápido, y tienen pocas explicaciones que ofrecer. Cuando la caravana llega al cementerio municipal, solo un par de periodistas observa a los operarios apilando los cuerpos en el suelo. Los dientes de la pala mecánica rompen algunas bolsas: se cae un brazo, asoman algunas extremidades, el líquido verde de los cuerpos descompuestos riega los bordes de la fosa. Un cura reza un responso y lanza agua bendita sobre los cuerpos. Casi nadie quiere mirar. No hay familiares que acompañen la escena. «Puede ser porque se han desentendido, porque no han sido informados del fallecimiento o porque no tienen dinero para hacerse cargo de los costos y les da vergüenza llegar ahora. Tampoco nadie les ha avisado, porque la mayoría de los cuerpos no están identificados», intenta justificarse Marvin Duarte. Es la tercera vez que lo hacen en un mes. «En la morgue tenemos capacidad para cuarenta cuerpos y hoy teníamos 65, pero en julio fue aún peor, teníamos 85 cadáveres sin recoger».

«No solo está saturado el frigorífico, ya tampoco queda espacio en el cementerio», añade Duarte.

Como improvisado *fixer** de todo periodista extranjero que quería comprender y contar Honduras en una semana, la fosa común del cementerio público se convirtió en parada obligada de mis *tours* guiados.

---

* Fixer: nombre con el que se conoce, en la jerga periodística, a la persona que sirve de guía y solucionadora de problemas del periodista recién llegado a un destino. Frecuente en destinos bélicos.

ALUCINACIONES

Los postes de electricidad son balas de ametralladora.

El señor con sombrero del cuadro de Magritte no tiene una manzana en mitad de la cara, sino una granada.

El campesino calvo con gafas y rostro curtido de American Gothic, de Grant Wood, ha cambiado el rastrillo por una M-16.

Un muro medio derruido, un portón oxidado, montones de basura en las esquinas y un perro abandonado.

Un borracho que da tumbos por la calle se detiene y descubre, sorprendido, que la Mona Lisa empuña una pistola de color rosa. Levanta las manos y comienza a hablar con ella como lo haría con un policía. «Yo no he hecho nada, yo no he hecho nada».

* * *

Al Maeztro no le ha ido mal. Cuando sus grafitis empezaron a hacerse famosos, los donantes extranjeros, con el radar siempre bien activado, se acercaron a él para apoyarlo. Reci-

bió fondos, publicidad, soporte, cobertura. Pero no se vendió a los cantos de sirena de lo políticamente correcto. Ni por la izquierda ni por la derecha.

El Maeztro fabrica su propia cola hirviendo harina y mezclándola con agua, «el mejor adhesivo y el más barato». Imprime sus copias a 4 dólares la unidad. Su última obra es un montaje basado en la película *Battlestar Galáctica*. Sus protagonistas, los principales candidatos a las elecciones presidenciales —entre los que se encuentran el general que dio el golpe de Estado de 2009, Romeo Vázquez; un conocido presentador de deportes y concursos televisivos, Salvador Nasrallah; el presidente del Congreso, Juan Orlando Hernández, candidato del oficialismo y actual presidente del país, y el presidente derrocado Manuel Zelaya y su esposa, Xiomara Castro. Todos aparecen sentados alrededor de Barak Obama, junto al lema «Todos comen en la misma mesa del Señor» y la fecha de la cita con las urnas, 24 de noviembre de 2013.

* * *

Los conductores harán un ligero movimiento de volante para evitar acercarse demasiado a ese encapuchado que hace algo raro sobre una pared, como harían con cualquier persona mínimamente diferente con la que se cruzaran.

Pintar en las calles no ha sido fácil durante mucho tiempo en un país que vivió un golpe de Estado hace menos de tres años ni, por supuesto, está exento de riesgos. «Hubo una época en la que la policía estaba realmente detrás de quienes trabajamos en la calle». Ahora, ese riesgo ha disminuido, pero no ha desaparecido. A fin de cuentas, lo que hace es ilegal. Hay lugares donde le gustaría intervenir y no puede. Se refiere a los centros de poder, la casa presidencial o las estaciones de policía. La violencia que denuncia también lo ha rozado a él, pero ya ha superado el miedo. La lista de anécdotas es propia de Honduras y sus jóvenes. Si no te ha pasado lo que el Maeztro Urbano cuenta, es que no has pisado la calle. Recuerda cómo una noche mientras grafiteaba, escuchó el motor de un carro que reducía velocidad. «Miré hacia atrás con el tiempo justo para ver cómo se bajaba la ventanilla y asomaba una pistola. Me dispararon tres veces sin mediar palabra. No me dieron. Tuve mucha suerte».

LA NOCHE DEL INCENDIO

Si algo sale bien en Honduras, suele ser por casualidad. Si no está todo perdido aún es porque sus ciudadanos están muy por encima de lo que se les puede exigir a sus autoridades: después de pasar 17 años en prisión por asesinar a un hombre que molestaba a su padre, Marco Antonio Bonilla se convirtió en el héroe que le salvó la vida a decenas de internos de la prisión en la que cumplía condena.

La noche del 14 de febrero de 2012, una colilla o un cerillo prendió un colchón dentro de una celda colectiva de la granja penal de Comayagua, a una hora de Tegucigalpa. El fuego se extendió rápidamente por varias de las bartolinas, que es como se llama en Honduras a los contenedores de personas en los que se hacinan centenares de presos en literas de tres niveles. En un cuarto de hora murieron 361 personas. Los guardias dispararon al aire durante varios minutos, pensando que se estaba produciendo una fuga masiva. Luego huyeron. Si no murió más gente fue porque Marco recogió una llave del suelo e hizo lo que tenían que haber hecho los policías: abrir las puertas.

En las prisiones hondureñas, los presos convierten su litera en un pequeño hogar abarrotado de objetos. Una chispa en un colchón puede prender no solo la ropa, sino también el televisor y la pequeña nevera con gas refrigerador inflamable, y provocar una explosión que se extienda a las literas adyacentes, separadas entre sí por unos pocos centímetros. El canal de ventilación que comunica las diferentes celdas facilita la rápida extensión del fuego.

Cuando el fuego comenzó solo había seis guardias de turno para vigilar a 860 presos en un recinto construido para cuatrocientos. Cuatro de los guardias estaban en las torres de vigilancia; dos, en el interior del recinto. Las llaves de todas las celdas estaban en manos de un solo policía. La mitad de los presos del penal eran preventivos, en espera de juicio. Algunos de los supervivientes que conocí estuvieron a punto de quemarse vivos por delitos tan graves como vender DVD piratas en los semáforos. Otros, que no conocí, fueron arrestados por ir borrachos por la calle un sábado por la noche.

* * *

La noche del incendio, Bonilla dormía en el dispensario del penal, la única sala del recinto que no estaba cerrada con llave. Era el encargado de atender a los pacientes que salen por la noche con una emergencia. Esa relativa libertad, ganada con trabajo y buen comportamiento, fue lo que le permitió salvar a otros.

—Estaba acostado cuando escuché que los compañeros gritaban y pedían auxilio. Fui adonde el llavero (el guardia con el manojo de llaves) y le dije que auxiliáramos a la gente, que los sacásemos para que no se murieran. El guardia tiró las llaves al suelo y se fue (…). Ponerse a recordar esas cosas es complicadito, es triste escuchar cómo tus compañeros te piden auxilio. «Chaparro, Chaparro», me decían, «no nos dejes morir, abre la puerta, Chaparro». Era bien difícil porque no hallaba para dónde agarrar, escuchaba que me gritaban de un lado, me gritaban de otro, y yo no quería que nadie se muriera.

—¿A cuánta gente salvaste?

—No podría decirle. Fueron varios, fueron bastantes.

—¿A cuánta gente?

—…

—Más o menos, dame una cifra aproximada.

—Como 250, creo.

Marco tiene la vista clavada en el suelo y mide sus palabras. A pesar de su heroicidad y de las promesas de indulto lanzadas por el presidente Lobo, todavía está preso. Tal vez por eso trate de justificar el comportamiento de los guardias que huyeron y no cumplieron con su deber. «No fue falta de valor. Ellos querían defender su vida, no querían arriesgarse a quemarse». Marco no recuerda que los guardias dispararan al aire ni a ninguno de los presos que consiguieron salir de sus celdas.

Traté varias veces de contactar con alguno de los guardias que huyeron, pero ninguno se atrevió a hablar. Es fácil imaginar la responsabilidad que cae sobre sus hombros. Sus sustitutos en la cárcel extienden rumores imposibles de verificar. Que si uno se suicidó, que si a otro lo mandaron matar los familiares de los muertos, que si otro bebe desde entonces.

* * *

La noche del incendio, ningún funcionario del penal avisó a los bomberos. Los primeros en dar parte fueron los empleados de una gasolinera cercana. Cuando los bomberos llamaron al penal para confirmar el aviso, no hubo respuesta.

La noche del incendio, los bomberos esperaron diez minutos a las puertas del penal. No tenían miedo a las llamas, sino al tiroteo. Cuestión de protocolo. Las normas dictan que en caso de incendio los guardias deben disparar al aire para advertir a sus compañeros. Solo cuando cesaron los disparos pudieron entrar los bomberos en la cárcel.

La noche del incendio no tomó por sorpresa al jefe de bomberos, Alberto Turcios. En 2006 y 2007 había elaborado sendos informes alertando sobre lo que podría suceder en Comayagua si se desataba un incendio. Informes a los que nadie hizo caso.

* * *

El presidente Porfirio Lobo nunca firmó el indulto prometido a Bonilla. La ley no permite indultar a convictos por asesinato ni a presos con más de cinco años de condena, y por una vez la ley se aplicó en Honduras. Un país que puede aprobar hasta veinte modificaciones constitucionales en una legislatura, no tuvo interés en arreglar este tema. A Marco le quedan 14 años tras las rejas.

El resto de los protagonistas de la historia, en especial los culpables, tuvieron más suerte.

Willmer López Irías era el director del penal la noche del incendio. Lo habían trasladado a ese puesto desde la cárcel de Gracias después de que un grupo de internos tratase de fugarse construyendo un túnel. Gracias a la colaboración de una fiscal, pude demostrar que el director del penal utilizó mano de obra prisionera para enriquecerse. Lo hacía antes del incendio y pudo seguir haciéndolo en su nuevo destino, después del incendio. Nunca fue condenado ni por estos hechos ni por permitir que los hombres bajo su responsabilidad se quemaran vivos.

Los policías que huyeron la noche del incendio tampoco han rendido cuentas ante la justicia. «Si el fuego se extendió en siete minutos, ni actuando con la diligencia debida se habría evitado lo que sucedió», me explicó con tono exculpatorio el fiscal a cargo del caso. Completó su defensa recurriendo al concepto de *miedo insuperable*, que exime de responsabilidad penal. A fin de cuentas, a nadie se le puede exigir que sea un héroe.

El defensor del pueblo tiene otra explicación a la falta de consecuencias penales: «las autoridades que cometen estos delitos están encubiertas por otras autoridades en un aparato organizado de poder tan sofisticado que garantiza la impunidad de los uniformados a través de una negligencia continua, estudiada y profesional».

* * *

Los medios de comunicación no prestaron mucha atención a los vericuetos de la investigación ni perdieron el tiempo exigiendo responsabilidades. Prefirieron centrarse en los gustos del público y en inventar titulares jugosos a partir del mínimo rumor. Es más estimulante imaginar tramas conspirativas que perderse en la aridez de los procesos judiciales que, además, en Honduras nunca llegan al clímax mediático de la condena.

Pocos días después del incendio, dos hombres que, por supuesto, no dieron sus nombres, llamaron a un canal de televisión y explicaron la siguiente historia: el incendio había sido provocado por los enemigos de un empresario español, con problemas de deudas y mujeres, que cumplía condena en esa cárcel. Alguien había pagado para que pareciera un accidente y se les fue de las manos. La historia se extendió como la peste en todo tipo de medios hondureños e internacionales. No siempre es necesario verificar la información cuando todos compiten por la misma historia y hay que dar algo nuevo cada día para alimentar el flujo de noticias. El antídoto más lógico a la teoría de la conspiración era demasiado obvio: si alguien hubiese querido matar a un preso, lo más fácil y sencillo hubiese sido encargar un asesinato a la carta. Una puñalada en vez de un incendio con cientos de víctimas.

Un año más tarde participé en un taller con periodistas hondureños. Al preguntarles qué había sucedido en el penal de Comayagua, la teoría del incendio provocado como ajuste de cuentas fue la versión más aceptada.

$$* * *$$

Para entender los fallos del sistema penitenciario hondureño, tenía que visitar una cárcel. Sin permisos oficiales, logré una entrevista con el subdirector del penal de San Pedro Sula, el capitán Polanco. No fue mérito de reportero insistente, sino puro desinterés de las autoridades. El día que nos recibió, el capitán Polanco estaba más interesado en los reos que le lavaban su carro en el estacionamiento de la cárcel que en las preguntas de los periodistas.

El penal de San Pedro, construido para ochocientos internos, albergaba, el día que lo visitamos, 2 137 presos. Los guardas solo se ocupan de la seguridad exterior. A partir de la «línea muerta» (una línea amarilla dibujada en el suelo a pocos metros de la entrada), son los reos quienes gobiernan. El único protocolo de seguridad que tiene la policía en caso de motín, y ha tenido unas cuantas oportunidades de probarlo, es retirarse, recoger las armas, abrir las puertas y situarse apuntando hacia dentro.

«Saben que si cruzan la línea los matamos», cuenta el subdirector del penal mientras se ríe y devora un paquete de 24 unidades de Dunkin Donuts que, nunca entenderé gracias a qué extraña lógica, siempre me encuentro cuando visito despachos de policías. Se comporta como un bufón deslenguado: esa manera espontánea, alejada de eufemismos, con la que el subdirector cuenta verdades trágicas. La ausencia de rendición de cuentas está tan institucionalizada en Honduras que los funcionarios públicos no se esfuerzan lo más mínimo por tapar las inmundicias del sistema. La pornografía de la disfuncionalidad, para disfrute del periodista.

En San Pedro, tras un portón de metal negro y oxidado que podría derribarse de un par de patadas, aparece una pequeña y bulliciosa ciudad que sobrevive de manera prácticamente autónoma. Los presos eligen entre ellos un coordinador general que distribuye los privilegios en el interior del recinto a cambio de un sistema de pagos denominado *la culebra*. La peor de las literas cuesta unas 1 000 lempiras (unos 50 dólares); dormir en la celda más limpia y segura asciende a 15 000 lempiras (unos 750 dólares). Quien no puede pagar, duerme en el suelo y está condenado a realizar los peores trabajos, básicamente, los de limpieza. Todo tiene un precio: la reparación del aire acondicionado de la celda, una cerveza —que es el triple de cara que en la calle—, pasar una noche con una mujer, unos tiritos de coca, un puro de marihuana, un iPhone con 3G o una botella de ron. Todo tiene un costo y genera un beneficio que se reparte proporcionalmente entre los empleados que prestan el servicio, los propietarios del negocio y, por supuesto, la administración de la cárcel, «que, con lo que gana, contribuye al mantenimiento de las instalaciones y les mejora la comida», matiza Polanco.

Junto a los internos y entre sus celdas hay mapaches, perros, gallinas y cerdos, grandes montañas de basura, arroyuelos de aguas negras y, lo más importante, locales de venta de frutas, comida, bebida, camisetas, hamacas, zapatos o alfombras, atendidos por presos y por los 29 empleados de los presos que ingresan desde el exterior cada día para trabajar.

Esta pequeña ciudad con público cautivo genera un jugoso excedente económico. A su sombra ha surgido un grupo de «pequeños empresarios». Jorge Gutiérrez regenta uno de los restaurantes del penal, limpio, bien estructurado y con un menú que no tiene nada que envidiar a los de la calle («diseñado por un amigo que sabe de estas cosas», dice). Coincide con muchos de sus compañeros en que de ninguna manera quiere ser trasladado a un nuevo penal, porque si eso sucediese «perdería todos mis privilegios». Gutiérrez paga 480 lempiras al mes (unos 25 dólares) como impuesto a la administración del penal, y emplea a dos reos como meseros. «Cada uno de ellos cobra 400 lempiras al mes (unos 20 dólares)», «y además de generar empleo, con el beneficio que saco mantengo a mi familia en el exterior». Cuando reciba la carta de libertad puede vender su restaurante a otro preso o cobrar un alquiler desde su casa.

Es difícil estar en desacuerdo con el sistema. Sin esta autogestión, los reos no sobrevivirían. «El Estado nos da 13 lempiras por preso y día (unos 0.60 dólares) para alimentar a los internos. Con ese dinero se morirían de hambre, y yo tengo que buscar la manera de completárselo», detalla el administrador de la cárcel, Hugo Hernández, que al igual que Polanco se siente tan seguro que se ofrece a mostrarnos sus hojas de Excel.

El sistema de prisiones hondureño cuenta con un presupuesto anual de 18.5 millones de dólares para atender 24 centros penitenciarios con capacidad para 8 000 reclusos, pero que alojan a casi 12 000 reos, según cifras proporcionadas por el Ministerio de Seguridad. No hay mantenimiento ni mejoras en las instalaciones. Los dos únicos objetivos parecen ser que no se caigan los muros exteriores y no se extienda la hambruna. La subsecretaria del Ministerio, Marcela Castañeda, reveló que 82% del presupuesto se destina a pagar los salarios de los policías y 16% para alimentación. «Solo 2% se invierte en la mejora de las infraestructuras». Hernández, el administrador, rebaja aún más estos datos. Asegura que el único dinero del que disponen para el mantenimiento de las infraestructura procede de la recaudación de impuestos a los negocios que los presos mantienen dentro de la cárcel. ¿Es corrupción o es supervivencia? Esa cantidad, que Hernández valora en «unas 120 000 lempiras mensuales» (unos 6 000 dólares) «contribuye al mantenimiento de las instalaciones, el pago de la gasolina para trasladar a los reos al hospital o al juzgado y la mejora de la comida». Y Hugo Hernández no debe hacerlo tan mal, dadas las circunstancias, porque había sido trasladado del penal por el Ministerio de Finanzas, para el que trabaja, y «regresé aquí porque los internos lo exigieron, saben que yo los trato bien».

Pero este sistema se sostiene también sobre un delicado equilibrio basado en un pacto de «no agresión» y respeto de competencias entre guardias e internos que implica un alto nivel de violencia. Odalis Nájera, la directora del organismo de vigilancia de los derechos humanos en las cárceles, explica que el último motín en el penal de San Pedro Sula, en el que murieron 13 presos, un par de semanas después del incendio de Comayagua, se debió a un fuerte incremento en los precios por los servicios.

Noé Betancourt, el preso coordinador de San Pedro Sula, recuerda bien lo que sucedió el día del motín, pero prefiere no entrar en detalles. Pasea por los patios del penal agarrado de la mano de su novia, que ha decidido quedarse a vivir con él, y vive rodeado de guardaespaldas. Uno de ellos, más morboso, menos autoritario o con más ganas de hacerse el grande o de probar el aguante de mi estómago, me explica el motín:

—El coordinador anterior estaba abusando demasiado. Primero solo golpeaba con un pene de toro al que cometía un error o no pagaba. Pero al final podía dejarlo a uno colgado del techo toda la noche, y ponía a sus pies un perro que le mordía. El día del motín la gente se juntó y primero le cortaron la cabeza con un machete, luego le arrancaron el corazón y los testículos y se los dieron de comer al perro. Metieron los cadáveres del coordinador derrocado y de sus guardaespaldas en una celda, los taparon con colchones y les prendieron fuego.

Durante tres semanas, y en virtud del acuerdo con las autoridades, los presos mantuvieron el control total del recinto. No fueron despojados de sus armas y no dejaron ingresar siquiera a los bomberos para estudiar las causas del fuego. Desde entonces los presos tienen cortahierros para abrir las celdas en caso de incendio. Disponen también de las llaves que abren las puertas exteriores, y han comprado extintores con su propio dinero. No se van porque no quieren.

Fernando Ceguera, el preso electricista que se ocupa del mantenimiento de las instalaciones, muestra uno de los 12 transformadores que distribuyen la energía al interior del penal. «Pierde aceite desde hace días y está totalmente saturado por más de veinte tomas que alimentan la celda más grande de todas. Puede estallar en cualquier momento». El electricista dice que ha leído en la prensa que el Gobierno estudia la posibilidad de construir un nuevo penal con contenedores metálicos. «Escriba ahí que los contenedores son para los animales, si nos trasladan de aquí, la primera noche le prendemos fuego y vendemos el material como chatarra». Los reos, según su coordinador, tienen sus propios planes: «Estamos ya diseñando los plazos y cotizando precios de materiales para levantar dos nuevas celdas en el interior del recinto, añadiéndole un segundo piso a la iglesia y el comedor. De esa manera, trabajando nosotros, y con apenas 10 000 dólares, en tres meses podemos ampliar la capacidad del recinto en unos quinientos internos».

Mientras tanto, en Comayagua, un año después de la tragedia, los extintores de la prisión seguían caducados. El inspector de policía, Dani Rodríguez, nombrado nuevo director del penal al día siguiente del incendio, poco puede hacer. «El Estado me transfirió 180 000 lempiras (9 000 dólares), vendiendo al peso los metales quemados conseguimos 32 000 (unos 1 500 dólares), y un maratón solidario en televisión nos ha dejado un cheque de plástico muy grande que utilizaron para la foto, pero el dinero aún no ha llegado».

LOS POLICÍAS

Torturado habla todo el mundo, no vea

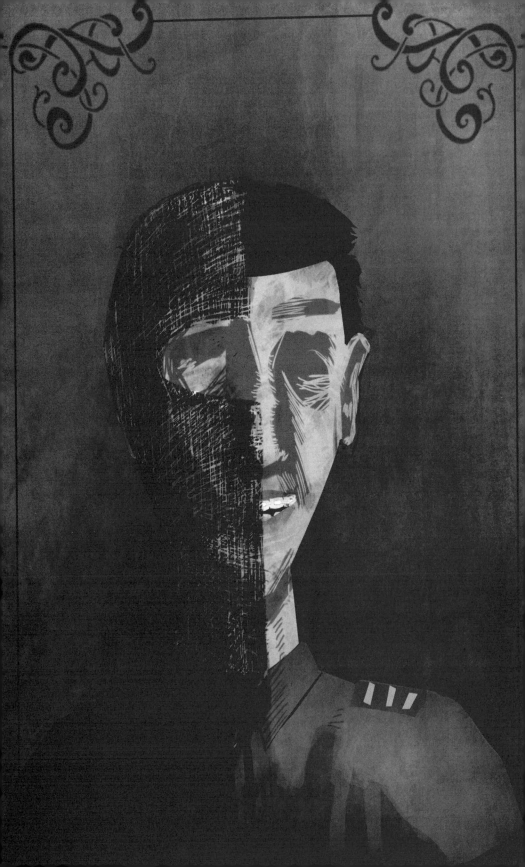

UN ASESINO

Se llama J.E. y tiene 41 años. Me enseña su documento de
identidad y su credencial de analista del grupo antisecuestros
de la policía, firmado el 20 de marzo de 2009 por el jefe de
la unidad. Sentado en una silla de plástico, rechaza el café
que le ofrecen. No deja de fumar. Aun envejecido, sus brazos,
su pecho y sus manos mantienen ese tipo de fuerza que solo
puede ser adquirida desde niño, esa rudeza de alguien que
viene del campo, mucho más duradera que la de los gimna-
sios. Esquivo, no mira a los ojos. Cuando calla, no lo hace
para intimidar, sino para pensar qué decir. Habla poco y en
voz baja. Cuesta sacarle las palabras, que responda con algo
más que monosílabos. Dice que llevaría días enteros contar
una mínima parte de lo que vio e hizo. Habla de todo ello
con extrema frialdad. No se separa de su pistola. Muestra las
cicatrices de tres disparos en el brazo derecho. No se quita
la gorra, trata de pasar desapercibido. Lleva una camisa de
cuadros verdes abierta sobre una playera azul, *jeans* y tenis.
Ni se avergüenza ni oculta la naturaleza de su trabajo. Si ha
decidido descargar lo que lleva dentro no es por problemas

con su conciencia, sino porque se siente engañado, utilizado y maltratado por sus superiores. Su testimonio es creíble, pero imposible de contrastar. Alguien le hizo pasar por un polígrafo y decidió que el relato tiene inconsistencias. Por eso se han omitido los nombres de las personas a las que acusa. Habló a cambio de salir del país y dejar de vivir escondido. No lo consiguió.

«Me incorporé a la policía en 1993 desde la reserva del ejército. Primero fui policía preventivo, después me fui al escuadrón cobra (una especie de grupos de Operaciones Espaciales hondureños), y de ahí, a la unidad de análisis e información asignado a la Dirección Nacional de Investigación Criminal. Hacía trabajo de investigación, vigilancia, seguimiento e incluso fotografía. La mayor parte de las investigaciones eran sobre personas involucradas en el narcotráfico. En el año 2006 me voy de la policía de manera voluntaria. No me querían firmar la baja, y luego me pusieron abandono, porque me fui igual, entregué todo lo que no era mío: armas, placas, uniformes, y ahí nomasito en el 2007 me fui.

Meses después, en los primeros días de diciembre de 2007, me contacta en una cafetería de un hotel alguien que entonces era comisario y ahora es subcomisionado de la policía. Habíamos trabajado juntos en investigación previamente. Éramos conocidos por el trabajo y porque ambos somos de la misma ciudad. Me dice que necesita armas y hombres para un equipo de trabajo en San Pedro Sula, porque los secuestros están en su nivel más alto, y desde el primer día, antes de llegar, me habla de un secuestro en La Ceiba que lleva ya tres meses, que no pueden resolver, y me dice que le vamos a entrar a eso nada más empezar.

A él le conviene sacar los trabajos, y le piden que consiga gente para terminarlos. En San Pedro Sula lo tienen culeado.

Nos contacta a tres que en ese momento no tenemos nada que ver con la policía pero tenemos la experiencia necesaria. Me lleva a una oficina aparte de la policía llamada "grupo de análisis noroccidental", un grupo irregular de la policía para una región en la que no había ningún elemento de esos, y al que se están incorporando unas veinte personas más. La oficina está situada en la colonia Trejo de San Pedro Sula, dos cuadras arriba del City Mall. Es una casa grande, donde no hay nada que pueda identificarla. Allí no hay uniformes, no hay patrullas, solo civiles encubiertos. Contratados desde fuera de la policía estábamos tres. No aparecíamos en los listados. Nos dieron armas sin registro y nos ofrecieron 500 dólares al mes más la alimentación y la casa. Vivíamos los veinte juntos. Mi nombre de guerra era *Óscar*. Nos pusieron nombres de guerra en la pizarra a todos. Fue el oficial al mando. Después de la casa de la colonia Trejo, nos pasamos a la de Río de Piedras, y después a la de San José. Esas casas yo se las señalo, usted le pone aluminol al suelo de la habitación que yo le digo, y ahí le sale todavía un mar de sangre. Quienes nos pagaban el sueldo era la gente afectada por las bandas de secuestradores. Porque no hallaban cómo hacer.

En aquel momento había un secuestro bien sonado, con el que empezamos, pero solo cobramos un salario, porque a la secuestrada la mataron ese mismo diciembre de 2007. En ese primer secuestro desaparecieron alrededor de diez personas involucradas. Los primeros meses quedó claro que aquello funcionaba así, secuestrador agarrado, secuestrador eliminado. La política era que a los secuestradores había que exterminarlos. Si un allanamiento era legal, se presentaban los detenidos y las pruebas al Ministerio Público, pero legales eran 10 de cada 100. Otras veces se detenían cuatro, se eliminaban tres y se presentaba (al Ministerio Público) uno. Cuando hacíamos

un operativo para capturar, metíamos un equipo de los nuestros, nos los llevábamos y luego llamábamos a la policía preventiva y al escuadrón Cobras solo para hacer el *show*, pero
los casos con ellos eran pocos. Casi siempre íbamos solos.
Pocos casos se presentaron a la justicia. A nosotros cualquier
fiscal nos podía haber agarrado. Nosotros pedíamos órdenes
de allanamiento, pedíamos vaciados telefónicos. Hubiera sido
muy fácil deducir en qué andábamos, detectar lo que pasaba
si aparecía tanta gente muerta. Dos fiscales inteligentes nos
hubieran agarrado el primer año. Es cierto que había más
allanamientos sin orden que con orden, pero solo había que
cruzar los datos de quienes eran los muertos que aparecían
con las órdenes de allanamiento y ya se habrían dado cuenta.

Unos tres meses después de entrar, ya me hicieron un contrato en la Secretaría de Seguridad. Ahí me pagaban 300 dólares al mes. Cada seis meses ese contrato se renovaba. Nos
daban siempre un plus mensual, un dinero para repartir a toda
la gente, un dinero para incentivar, que no sé de dónde salía.

Al secuestrador primero había que sacarle todo, información sobre la banda, cuántos eran, dónde estaban los otros y
dónde tenían el dinero. Torturado habla todo el mundo, no
vea. Cada quien improvisaba, la forma más habitual era el la-
garto tortoleado, guindado hacia atrás, esa es común, los brazos hacia atrás, las piernas hacia atrás, colgado del techo para
que no toque nada. Después de una hora ya no puede mover
ningún músculo. Golpeabas con lo que hallaras, con la mano,
con tubos, con cadenas. Las personas no salían vivas de ahí, el
que llegaba ahí y era torturado ya no salía vivo. La comida se
les daba mientras tocaba, pero no salían vivos. Primero lo hacíamos con disparos, pero daba mucha sangre y mucho ruido.
Luego el método era una bolsa, le apretaban el cuello con una
cuerda, o sin cuerda, y en dos minutos, rapidito, se orinaban,

se defecaban, y se morían. No los teníamos mucho allí en la tortura. Hasta 15 días de máximo y los botábamos a los ríos atados a bloques para que el peso los sumergiera. Con algún descuido se nos fue alguno cuando lo llevaban a ejecutar. Una vez uno se nos escapó y luego lo mandamos a amenazar para que quitase la denuncia que había puesto. Había que poner la denuncia en Investigación Criminal, pero había gente allí que estaba con nosotros y nos venía a avisar. Podíamos tener a cuatro en el mismo cuarto, pero como estaban vendados y enchachados, ni ellos mismos sabían quién estaba en el cuarto; hubo cuatro casas iguales en San Pedro Sula. Pero no al mismo tiempo, una de cada vez, y se iban rotando.

Varias veces nos quisieron sacar por falta de pago, pero se conseguían patrocinadores, contribuciones voluntarias de empresarios. Ellos pagaban todos los gastos. Los jefes les metían miedo a los empresarios que podían ser blanco de un secuestro y de una extorsión, a los que tienen la plata. Era voluntario, pero con ese miedo atrás. El empresario que hacía el encargo era el que nos rentaba carros diferentes todas las semanas. Venían sin placa o se la quitábamos nosotros, y quién nos va a decir nada. Nosotros teníamos autorización para eso. Tipo *pick-up* y camioneta. Llevábamos Uzis y AK-47 y R-15; no sabíamos de dónde las sacaban, son armas prohibidas para la policía; los chalecos eran policiales, si no queríamos identificarnos le dábamos vuelta a la pega del chaleco para que no se viese nada. También andábamos con capuchas, todo eso no faltaba nunca. Yo era un miembro más del grupo de choque, había algunas personas inexpertas, y cuando había alguna misión más bélica no iban, no podían utilizarse. Lo escogían a uno por la experiencia.

Con el tiempo todos participábamos en todo, desde el oficial hasta el último agente. Si había que limpiar una zona para comenzar a trabajar, había que llamar al jefe local. No se podía expulsar a los patrulleros, necesitábamos órdenes directas de los jefes. El mero jefe ordenaba y torturaba, pero no participaba directamente en las ejecuciones, solo daba las órdenes. La potestad de tomar las decisiones sobre la vida y la muerte era de nuestro jefe, que consultaba también con sus jefes. El jefe era el que decidía. En casi todas las operaciones había un oficial al mando. Pero a la hora de trabajar, todos éramos iguales, no se veía quién era el jefe y quién era el agente en una acción. En eso éramos discretos. Porque estábamos en una sala de tortura, y un inexperto mataba a un detenido, y si yo decía el nombre era una sentencia de muerte. Cómo me iba a arriesgar yo. Si yo decía el nombre de uno y un torturado me oía, nadie quería correr el riesgo de que lo estuvieran entregando. Murieron varios policías por eso.

Podíamos pasar semanas durmiendo sin hacer nada, en la casa. Cero secuestros. Entonces algunos perdían el control y salían a matar por sueldo. Si no había trabajo, no había dinero, y había que salir a buscar el sicariato para sobrevivir. Había operaciones en las que llegaban los muertos, y los jefes iban a cobrar por debajo de la mesa. Le hacían la vuelta a uno, que no se daba cuenta. Al final no hice dinero.

Estuve en esto desde octubre de 2007 hasta junio de 2011. Yo quería retirarme, porque miré que en la vida yo nunca había matado a una persona, y no pensé que fuera así. Si lo hubiera sabido, yo nunca hubiera ido. No hubiera ido. Pero cuando lo pensé, ya no tenía vuelta atrás. Había tenido enfrentamientos antes, pero nunca había tenido que matar a nadie, y menos a sangre fría. Allí uno llega a un momento en que no siente nada por la gente, con tanto muerto que produce. Una vez había ocho muertos en la casa y había que irlos a botar, los metimos en la pila del carro, solo los tapamos con un *nylon* y nosotros íbamos sentados encima. Todos los policías nos conocían y se apartaban, porque teníamos fama de sicarios.

De los primeros muertos del equipo, cuando llegué, me acuerdo como si fuera hoy. Fueron tres que estaban vinculados en el secuestro de un empresario de La Ceiba. Andaban los tres jóvenes en el mismo carro. Los agarramos a todos, y ahí fue cuando miré la cosa fea. Solo uno tenía culpa y dijo el jefe que había que darles a todos. Del primer muerto me acuerdo siempre. Se queda grabado. Uno se llamaba Tony, conozco hasta la casa de ellos. El otro era el sobrino, un cipote menor, de unos 20, y el otro era familia de un jugador de futbol. Les cruzamos dos carros, uno por delante y otro por detrás, en el centro de San Pedro Sula. El único que tenía responsabilidad era Tony.

Les decíamos que éramos la policía para que la gente quedase tranquila. Para tener la vía libre. Dentro de la ciudad utilizábamos un equipo de cuatro personas, los que entrábamos en la cabina, conductor, jefe y dos más. Solo íbamos a neutralizar, enchachar* y meterlo en el carro. El cristiano ya sabía dónde iba, detenido, y no protestaba más. Esa vez no nos cabían porque eran hombrones, y tuve que irme atrás yo, en la paila, y llevé a uno conmigo sin amarrar, lo llevé acostado, le llevaba puesta la pistola en la cabeza despistadamente por en medio de la ciudad. Yo al principio pensaba que solo los capturábamos. Los llevamos a la casa. Se torturaron y solo uno sabía. El dinero ya había volado, ya no quedaba nada. Lo habían enviado a Nicaragua con otra gente. A esos se les aplicó para sacarles información la capucha con bolsa, después los guindamos,** fueron tres horas. El jefe me dio la orden directita, hay que darles a esos. A todos. Se viene bravo

---

* Enchachar en Honduras es poner las esposas.
** Guindar es colgar.

esto, pensé, hasta ahí no entendí la carnicería. Eso fue en la casa de la Trejo. Los llevamos en la madrugada a la carretera de Omoa. Iban bien enchachados dentro del carro, de las manos, agarrados de la boca y de los ojos. Ellos no miran nada, no saben para dónde van, no saben qué vamos a hacer. Uno lo baja del carro, le dice que camine, por lo general lo deja boca abajo en el suelo. Es mejor llevarlos engañados. Van llorando, es desgarrador, es mejor no decirles nada y luego meterles un solo plomazo rápido. Es menos duro. Algunos se pasaban, les pegaban muchos disparos, pura cizaña de locos. A estos muchachos les cayeron como veinte disparos a cada uno. Si un agente se niega a disparar es como darse vuelta, es una amenaza para todo el grupo y lo pueden matar a uno. Si hay que disparar, se dispara. Ese día andaba conmigo un oficial que acababa de salir de la academia, que era también su primer día, luego se convirtió en un sicario, pero aquel día lloraba. Como era el primer día, le dieron a él. Le dieron una pistola, pero es mejor que los más acostumbrados sean los que empiecen, o aprovechar que algunos se ofrezcan. Siempre hay quien se ofrece. Yo me distraje aquel día para evitar disparar, pero el novato vino y me dijo que venía de un hogar cristiano, me dijo, no, hombre, yo no puedo hacerlo. Lloraba. No, hombre, no puedo, compañero. Los demás se quedaron en los carros. Tuve que hacerlo yo por él.

Éramos el grupo de San Pedro, pero había otro grupo en La Ceiba y otro grupo en Tegucigalpa. Es imposible saber la cuenta de muertos. De mi grupo yo puedo cotizarle unos doscientos muertos. Luego pasa que el vicio de matar no lo pierde uno. Yo miré varios casos de policías que se daban vuelta, pero principalmente uno que quiso irse. Yo lo fui a traer y lo entregué por faltarle al respeto al jefe, que ordenó a mi grupo que lo matásemos por insubordinación. Ese fue el último trabajo que hice, los primeros meses del año 2011. Nunca supe su nombre, un cipote chele de 25 años. Ese fue el último trabajo, lo hice y no volví a llegar al grupo. Yo también los dejé botados. No dije nada. Me desaparecí. De ahí me fui a esconder. Yo ya me estaba queriendo ir. No lo aguantaba, necesitaba zafarme. Yo miraba la indiferencia sobre los muertos.

Yo les trataba de decir a algunos compañeros que había secuestradores que cuando se les triangulaba el teléfono, se detectaba que estaban coludidos con los jefes. No soy el único que sabe todo esto. Algunos dicen que se retiran, pero no les creo para nada. Yo me he distanciado de todas las amistades que tenía. Ahí salíamos a cenar, a celebrar, a dar la vuelta. Ahora ni me les acerco ni les contesto el teléfono. A la noche le quito hasta la batería al teléfono y no paso en una sola parte. Dos días allí, un día acá. Siempre cambiando, y si estoy en una casa, tres días encerrado adentro, viendo televisión. No puedo ni trabajar, porque si consigo un trabajo ahí me van a ir a buscar. Ya les estoy dando una rutina, a uno rapidito se le encuentra aquí. Ando muy estresado, oigo que ladra un perro y ya estoy levantado la pistola. Van a entrar por mí, pero van a tener problemitas. A mí del camino no me van a llevar. Fácil no va a ser. La pistola no la voy a dejar. Si me agarran ahí me mato con ellos. No voy a permitir que me lleven sabiendo lo que hacen. Yo no estaba marcado para ser así, para matar. Siempre me crie con gente humilde, de principios, no estaba marcado para ser así. Si uno se voltea para atrás le pueden golpear porque anduvo en medio. Por eso no es algo que se puede dejar. Es como la mafia, solo muerto se sale. Yo de lo único de lo que me arrepiento es de haber pasado necesidad, de tener necesidad de trabajar, uno pensaba que le habían tomado aprecio y le respetaban, pero solo lo estaban utilizando, y tardé mucho en darme cuenta».

ESCUADRONES DE LA MUERTE

Los encapuchados llegaron de noche a bordo de una 4 x 4 sin placa. Abrieron la puerta con rejas que da acceso al barrio y, sin disparos, peleas ni gritos, se llevaron a Kevin Said Carranza Padilla, de 28 años, conocido en la pandilla del Barrio 18 como Teiker, y a su novia, Cindy Yadira García, de 19. No solo se los llevaron a ellos. También su *home cinema*, un aparato de música y una colección de tenis, además de una cantidad indeterminada de dinero. Un perro, que durante el arresto de sus dueños se escapó y no regresó, fue la víctima colateral del arresto. Teiker era uno de los jefes del Barrio 18 de Tegucigalpa.

Teiker era uno de esos pandilleros que extorsiona, secuestra y asesina en las calles de Honduras. Un veterano con más de una década de antigüedad en la 18. Alguien que lleva la palabra, un «palabrero» o portavoz. Alguien a quien obedecer. Nunca me habría enterado de su existencia si la mañana siguiente a su desaparición, el 10 de enero de 2013, no hubiera leído en el periódico más importante de Honduras —pura nota roja— la siguiente noticia: «Cae pandillero ligado a crimen

de subcomisario». Junto al texto aparecía una fotografía del joven maniatado y tirado en el suelo, con signos evidentes de tortura, pero aparentemente vivo. Tenía la cara envuelta en cinta adhesiva, golpes en el pecho y el brazo izquierdo atado a la espalda, aparentemente dislocado, con una contusión a la altura del codo. En su pecho podía distinguirse un inmenso «18» tatuado. Lo primero que pensé fue que esa foto solo podía haber sido tomada por un policía y filtrada a la prensa. Lo segundo, que a alguien se le había colado publicarla. Lo tercero, que tenía que meterme de lleno en la historia.

Para entonces yo llevaba meses investigando sobre los escuadrones de la muerte, desde que escuché por primera vez de boca de un policía que a los pandilleros, cuando podían, los mataban. Tirando de colegas —el mundo de la fotografía de prensa en Tegucigalpa no es tan extenso—, pude confirmar en un par de días que la foto fue distribuida a los medios por un policía. Al parecer este agente era un coleccionista de fotos de torturas y palizas que disfrutaba compartiéndolas con sus amigos fotógrafos. En alguna ocasión, de tanto jugar con fuego, tenían que cometer un error y quemarse. Turno de noche, un becario sin criterio que recibe una imagen llamativa, ningún editor presente, y la prueba de una sesión de tortura policial abriendo la edición digital del diario más leído del país.

Fui a buscar algún registro de su desaparición. Los funcionarios de la Dirección Nacional de Investigación Criminal reconocieron que existía una orden de detención contra Carranza y que había pasado por uno de sus calabozos. Dos meses después, cuando me senté a escribir la historia, Carranza (Teiker) y Yadira seguían desaparecidos. Después de la aparición de la foto, se desvanecieron. La imagen solo mostraba que Teiker había sufrido una sesión de tortura. Ni estaban bajo arresto ni había ninguna acusación judicial contra ellos. El hábeas corpus presentado en su nombre fue desestimado. Se habían esfumado. La misma policía que reconocía la detención de Teiker y que había filtrado las fotos de la tortura a la prensa, aseguraba no saber nada del caso.

«A estas alturas ya solo se puede pensar en la muerte», me reconoció la madre de Carranza.

* * *

Las pandillas existen en Tegucigalpa desde inicios de los setenta. Al principio no eran más que grupos de jóvenes de diferentes escuelas que se diferenciaban por la música que escuchaban, el estilo de ropa o los cortes de pelo que lucían, y que se disputaban los parques armados de palos y puños. «Los de arriba», «los de abajo» o «vagos asociados» eran sus nombres. No traficaban con drogas ni extorsionaban a la población. La sociedad a la que pertenecían aún no había colapsado.

A mediados de los noventa todo cambió. Estados Unidos, que sí tenía un problema de tráfico de drogas y violencia en sus suburbios, empezó a deportar inmigrantes centroamericanos de vuelta a sus lejanos (en el tiempo) países de origen. Muchos de ellos eran adolescentes que apenas hablaban español y que no tenían familiares en Honduras a los que pedir ayuda. Comenzaron a juntarse en los parques y a cuidarse entre ellos. Las organizaciones de toda la vida se disolvieron. No hubo interés ni capacidad para hacer frente a los recién llegados, y las armas y las drogas comenzaron a extenderse por las calles. Mairena, mi taxista, siempre lo recuerda igual. Al principio no eran más que deportados que vagaban por las calles y pedían un lempira para el refresco mientras vigilaban el lugar del estacionamiento. Franeleros a la centroamericana. Les tenían pena. Nadie le dio importancia. Nadie previó ni planificó. Menos aún los policías mal pagados, mal formados y medio analfabetos, en muchos casos primos y vecinos de aquellos deportados. Compartían la misma comida fiada en la tienda y vivían en las mismas casas de cartón.

A las pandillas se les conoce habitualmente como *maras*, una palabra que también se utiliza en el lenguaje coloquial hondureño para referirse a los amigos. Así se ven entre ellos estos niños inseguros de familias disfuncionales sometidos a violencia doméstica. El huracán Mitch destruyó en 1998 gran parte de la infraestructura del país y dejó un saldo de miles de huérfanos y familias desplazadas viviendo en albergues temporales. Un caldo de cultivo ideal para un reclutamiento de nuevos mareros. Si no eres nadie, si sientes que no tienes adónde ir, que no hay futuro ni posibilidad de estudiar, y estás harto de pasar hambre o tu padrastro te marca la cara a cachetadas, te metes de marero.

El Barrio 18 y la mara Salvatrucha o «la 13», nombradas así en función de sus áreas de control originales en Los Ángeles, comenzaron a disputarse el control de los barrios de Tegucigalpa a finales de los noventa. Después, organizaciones más pequeñas, como Los Chirizos o El Combo Que No Se Deja, se fueron imponiendo en algunas zonas centrales de la ciudad.

Gran parte de la violencia en Honduras está vinculada al narcotráfico. Las pandillas ejercen de transportistas y sicarios de los cárteles de la droga. Muchas veces sus servicios no se pagan con dinero, sino con mercancía que debe ser monetizada en las calles a través del narcomenudeo. También cobran el «impuesto de guerra», la extorsión clásica por «protección». Prácticamente todos los taxis y autobuses de la ciudad, así como muchos establecimientos comerciales, se ven obligados a pagar. En la mayoría de las ocasiones, a ambas pandillas. Quien no paga, muere. Recientemente se ha detectado también que en determinados barrios cobran un impuesto a los propietarios de viviendas. En Tegucigalpa y San Pedro Sula hay calles enteras de viviendas vacías, después de que sus vecinos las abandonasen para no pagar y por miedo a ser asesinados.

Es difícil encontrar un pandillero de más de 30 años, porque antes de alcanzar esa edad muchos de ellos están muertos o encarcelados, pero también porque las pandillas reclutan a sus miembros desde temprana edad. Primero, como vigías o banderas; después, como recaderos, vendedores de droga a pequeña escala o cobradores de extorsión. El último peldaño de ascenso es el sicariato. Las pandillas encargan asesinatos a niños cada vez más jóvenes, porque son más manipulables y porque la responsabilidad penal está fijada a partir de los 18 años.

Las mujeres, madres y niños juegan roles específicos, pero secundarios, dentro de la organización. Cuando una pandilla controla un barrio determinado, el conjunto de la población debe someterse a su voluntad de manera más o menos activa. Respetando, como mínimo, la imposición del silencio. No se ve, no se oye, no se habla. Son organizaciones que requieren una integración total y el apoyo y la cobertura, por voluntad o miedo, de los habitantes de los lugares en los que se esconden. No existen estadísticas oficiales sobre qué parte de responsabilidad tienen las pandillas en el conjunto de la violencia en Honduras. Todos los expertos las señalan como las principales ejecutoras de actos violentos. Tampoco es posible conocer el número exacto de sus miembros. Quizá sean 10 000. Controlan prácticamente todos los barrios de la ciudad. En los que no controlan, tienen acceso para cometer acciones criminales. El acceso que da la impunidad.

Honduras aprobó una ley antipandillas a principios de siglo, que penalizaba la pertenencia a una de ellas. Su fracaso ha sido total. La aplicación de políticas de mano dura solo ha conseguido una escalada de violencia entre las maras y las fuerzas de seguridad. Por otra parte, las pandillas actúan de una forma cada vez más discreta. Los códigos de identificación externa, como ropa o tatuajes específicos, ya solo pueden verse en prisión o en los cuerpos de sus jefes más importantes y antiguos, que se tatuaron hace años. Ahora mandan a chicos listos a la universidad. Necesitan administradores de empresas para gestionar el dinero que mueven. Tienen hasta médicos en nómina a tiempo completo y clínicas clandestinas que les evitan ir a un hospital cuando son heridos en acción.

Si durante las guerras civiles y los procesos revolucionarios que vivieron Guatemala, El Salvador, Nicaragua y Honduras, en mucha menor medida, existieron grupos de militares y policías que ejecutaban a gente de izquierda, desde principios de este siglo las organizaciones de derechos humanos han denunciado la existencia de una política de limpieza social contra miembros de las pandillas. Las autoridades siempre han culpado de las muertes de pandilleros a enfrentamientos internos. Cada cierto tiempo, los escuadrones de la muerte regresan.

* * *

Para contactar con la familia de Teiker necesitaba la aprobación de la pandilla. Un intermediario les explicó que yo solo quería hablar de las desapariciones. Una vez obtuve la autorización, las cosas no fueron mucho más fáciles.

Para entrar en una de estas zonas controladas por las maras hay que conducir con las ventanillas bajadas, una mano por fuera y la otra a la vista. Despacio, para que todo el mundo tenga tiempo de mirar quién se acerca. El cigarro encendido también ayuda. Mantiene al conductor ocupado y muestra a los pandilleros que no se lleva nada preparado para disparar. Salir caminando con un café en la mano y una libreta en la otra. Sin chaqueta, a ser posible, vestido de manera que ningún bulto a la altura de la cintura provoque malentendidos. Después, localizar a las madres por tu cuenta, porque nadie ayuda demasiado a identificar las casas. Preguntar por un nombre y dejarse llevar. Por último, si hay suerte, ver a los chicos cara a cara y hacerles preguntas sobre lo sucedido.

Entrar en territorio del Barrio 18 es penetrar en una zona gobernada por el silencio, la clandestinidad y el control total del espacio, el movimiento y la palabra. La presencia de la pandilla se siente desde la primera esquina. Me observan, me miden, me controlan, me traen, me llevan, me dejan estar, juegan conmigo, me asustan, me radiografían con sus miradas de adolescentes malos puestos hasta el culo de lo que sea. El Estado aquí son ellos, los pandilleros. Pero no solo, también sus vecinos, sus hermanas y sus madres. Hasta los perros y las piedras parecen colocados para generar inquietud. Si cometes algún error, si violas alguna de esas reglas no escritas y desconocidas para el extraño, no sales. Reportear con la pandilla es reportear en una trinchera llena de fantasmas, dejarse llevar sin mirar ni escuchar demasiado, medir las preguntas, filtrar las respuestas y no perder nunca la perspectiva. Son criminales y es probable que mientan. Son una fuente necesaria pero no suficiente.

Uno de los vecinos de Teiker aceptó contar lo sucedido aquella noche con la condición de que no se hiciera pública su identidad. Habló porque le pidieron que hablara, y si bien a ellos no puede negárselo si quiere continuar tranquilo, me pidió a mí, al periodista, como un favor privado, que lo dejara fuera de todo, que ya tenía bastante con vivir donde vivía.

Todo sucedió alrededor de las diez de la noche. Gritaron «policía», y sé que eran varios hombres por las pisadas que dejaron en las flores. Después abrieron los portones, hubo ruido durante unos minutos, como patadas, y se fueron. Después regresó el silencio, las puertas se habían quedado abiertas y en la casa ya no había nadie. Lo que se dice en el barrio es que había carros de policía en la calle, y entraron con llave, o alguien les abrió, porque los portones de la calle están intactos.

Esa versión coincide con la de Jonathan Flores, uno de los vigías de la pandilla que trabajaba como «conductor» para Carranza.

Me llamaron inmediatamente para que viniera a ver qué había pasado, porque yo conocía la casa. El portón no estaba roto. Estaba toda la casa revuelta y el perro solo. Los vecinos dijeron que había sido todo muy rápido, sin violencia, ni gritos, ni disparos. Entré, miré y salí. Me crucé con dos Nissan Frontier, uno azul y otro blanco, sin placas. Estaban platicando con los vecinos. Eran como seis o siete, vestidos de civil, con chalecos antibalas, armas largas y encapuchados. Todos los vecinos de la calle estaban fuera mirando lo que había pasado.

El periodista desconfiado siempre puede sospechar que el pandillero se ha ido sin avisar. Su colega se ofende con la pregunta: «Él no tenía motivo para irse, dice, estaba trabajando bien aquí. Si uno ya no quiere estar, lo dice y se va. Si se va a los Estados, avisa, y avisa también a la mamá, no las dejan así a las mamás no más».

Hace treinta años la guerrilla funcionaba por células. Hoy, en la pandilla, se llaman *clicas*. La lógica es la misma: establecer una red de apoyo y control para que los pandilleros nunca estén solos. Cada persona tiene un contacto que solo conoce a otro contacto o a un número limitado de personas, para que, si alguien cae, la estructura no se derrumbe. Si la policía se lleva a uno, su ausencia será detectada inmediatamente por vecinos, vigías y compañeros de clica, y la maquinaria se pondrá en marcha. Saben que si actúan rápidamente y lo localizan, no solo pueden salvarle la vida, sino incluso liberarlo. Es cuestión de encontrar a la persona adecuada entre quienes se lo hayan llevado, y ponerle encima de la mesa una cantidad de dinero que no pueda rechazar. O, al menos, así fue como los propios pandilleros me lo explicaron sin mayor recato.

Aquella noche, Blanca recibió la llamada de los pandilleros y comenzó la búsqueda de su hijo y su novia, acompañada a distancia por chicos del barrio. En las oficinas de la Dirección Nacional de Investigación Criminal encontró a veinte policías, algunos encapuchados, que jugaban con sus armas mientras ella les preguntaba por el paradero de su hijo. «Vayan a buscar a esos perros al Tablón», recuerda que le dijeron. El Tablón es un lugar conocido en Tegucigalpa porque allí arrojan cadáveres de jóvenes ejecutados, amarrados de pies y manos, a veces torturados. A esos lugares los llaman *botaderos*. Es una frase hecha. Buscar a alguien en el Tablón es una manera de decir que está muerto.

* * *

Pocos meses antes de que la policía asesinara a su hijo, la rectora Julieta Castellanos hizo público un informe que denunciaba la implicación de la policía en la muerte de 149 hondureños entre 2011 y 2012. El informe contabilizaba también a 25 miembros de Barrio 18 asesinados por la policía en los 23 meses anteriores. Según me contaron otras fuentes, el Ministerio Público había recibido, además, otras doscientos denuncias de casos que podrían calificarse como asesinatos perpetrados por escuadrones de la muerte en Tegucigalpa y San Pedro Sula. Los informes no dejaban claro si esas muertes se debían a enfrentamientos entre pandilleros y policía o a una política de limpieza social, pero yo no paraba de acumular datos que apuntaban a la existencia de escuadrones de la muerte.

«No tengo ninguna duda de que existe una política de limpieza social desarrollada por las autoridades», me dijo un fiscal. Por esa misma época un periódico local publicó un video, filtrado por la policía, en el que se veía a un grupo de hombres encapuchados, armados con fusiles AK-47, bajarse de un coche y disparar a cinco jóvenes que caminaban por la calle. Tres lograban huir, dos eran obligados a tirarse al suelo boca abajo y ejecutados a sangre fría. Uno murió en el momento. El otro aún se movía cuando los agresores huyeron, pero murió horas más tarde en un hospital.

Yo mismo, tirando del hilo de Carranza (Teiker) y Cindy, pude documentar más casos de miembros del Barrio 18 desaparecidos o asesinados por policías. Todo era evidente, todo el mundo lo sabía, era un secreto a voces. Pero no tardé mucho en recibir consejos de amigos y colegas. El problema no era ir sumando hechos o comentar en privado detalles de lo más escabroso, sino publicarlo. Era mejor dejarlo. Cada vez que trataba de ampliar mi lista de casos o conseguir un nombre, una fecha, un detalle, un consejo, una pista de la que tirar, alguien miraría alrededor, bajaría la voz y me diría: «Mira, loco, mejor déjalo, todos sabemos lo que hay, y nada va a cambiar, por tu bien, no te metas». El jefe de redacción de un periódico llegó a contarme con total tranquilidad cómo la policía los había amenazado si daban algún dato sobre el origen de la foto de Carranza torturado.

Testarudo, yo quería más de lo que tenía. Más relatos. A fin de cuentas, a diferencia de los periodistas hondureños, yo estaba en Honduras para hacer mi trabajo y podía dejarlo cuando quisiera. Los privilegios del extranjero son también sus obligaciones. Siempre me dijeron que cualquier hondureño habría muerto haciendo las preguntas que yo hacía, que me protegían mi pasaporte y mi empresa; mi capacidad de no mirar atrás si algo se torcía. Era el momento de que eso fuera de alguna utilidad.

Quise cerrar el círculo aún más, que me detallaran más casos. Que me dieran pruebas más firmes de que esos encapuchados eran policías y no miembros de otra pandilla, y regresé para reunirme directamente con ellos. Cometí un error de principiante, de autodidacta sin nadie a quien consultar, de alguien a quien nadie había enseñado a hacer este tipo de trabajo.

Me citaron en el barrio, llegué en taxi. Un niño me esperaba y me condujo entre callejones sin asfaltar hasta una casa en la que una familia veía la televisión. Para entrar, había que dejarse revisar por un adolescente con una Uzi en la mano, saludar como si todo fuera normal, pasar a través de la sala y llegar hasta un pequeño patio. Allí, una decena de miembros del 18 sin camiseta esperaban armados para encontrarse conmigo. Era sábado por la mañana y ya estaban totalmente drogados. Me protegía, en teoría, ser quien había escrito la historia de Carranza, pero ese salvoconducto era demasiado frágil. Esa frase de mi artículo que insistía en que los pandilleros extorsionan o matan, o cualquier otro detalle que me pasara desapercibido, podría provocar un cambio de tornas en cuestión de segundos. Lo pasé mal. Los pandilleros también saben cortar cabezas. Aunque los cientos de veces que lo han hecho no hayan sido nunca noticia fuera de Honduras. No conseguí nada. Fue un error. Ni siquiera les pregunté por sus nombres o jerarquía dentro de la pandilla. Probablemente tampoco me lo hubieran contado. Jugarse el pellejo para nada. O para entender que todos los pandilleros desaparecidos pertenecían a la misma clica. Cualquiera de estos tipos podría aprovechar una de estas situaciones para hacerse el hombre conmigo y ascender puntos dentro de la pandilla. Cualquiera de ellos podría desconfiar de mí y seguirme, tenerme a tiro de pistola, decidir extorsionarme. No quise volver a verlos nunca más.

La información se publicó. Escuadrones de la muerte, fechas, detalles, fuentes, difusión y denuncia en los medios de comunicación más importantes del mundo. Hubo comentarios de elogio en la prensa hondureña hacia quien fuera que matara pandilleros, y activismo y *lobby* en defensa de los derechos humanos en Estados Unidos, el país que financia a la policía. Nada sirvió de nada.

LA REFORMA POLICIAL

La reforma policial me acompañó cada día durante mi estancia en Honduras. Todos, políticos, taxistas, embajadores, amigos, diputados, funcionarios, asesores y cooperantes, hablaron hasta la saciedad de reformar lo irreformable. Ya fuera porque competían por obtener los fondos de consultoría para redactar el enésimo informe destinado al basurero, ya fuera durante el deporte nacional de sobremesa que consiste en contar anécdotas sobre las mordidas que cada uno ha tenido que pagar, ya fuera en los discursos, en las noticias, en el tanatorio, en los informes oficiales y en las charlas *off the record*, todo el mundo habló durante meses de la necesidad o de la imposibilidad de depurar algo tan podrido como la policía de Honduras. Una policía que mata, asalta, roba y extorsiona. Una policía de la que ni siquiera el ministro de Seguridad sabe su número de efectivos.

La supuesta depuración consistió en remover la basura, en vez de reciclarla o incinerarla. En alguna fase del proceso sentí que la mierda me estaba salpicando. De hecho, fue el miedo a que algún policía me tuviera en el punto de mira lo que me separó del país.

Que la policía de Honduras es poco más que una sofisticada estructura criminal lo dice hasta el Gobierno: «Solo nos falta a los diputados salir a la calle a capturar delincuentes», «los retenes policiales están en las mismas esquinas donde los delincuentes realizan sus actividades y solo sirven para extorsionar al hondureño», «los policías son los controladores aéreos del narcotráfico», «si las avionetas cargadas de cocaína no aterrizan en el Parque Central de San Pedro Sula es porque los árboles se lo impiden».

Una sofisticada estructura criminal y militarizada: la policía hondureña fue «civilizada», esto es, deslindada del ejército en 1996. Pero sus jerarquías, métodos de funcionamiento, turnos y salarios nunca se modificaron. En la práctica, las estaciones de policía funcionan como batallones militares.

Una sofisticada estructura criminal, militarizada y precaria: el perfil de un policía hondureño es el de un joven que escapa de la pobreza del campo para conseguir un sueldo fijo que pocas veces supera el salario mínimo del país, unas 6 000 lempiras al mes (aproximadamente, 300 dólares). El trabajador de la maquila y el maestro ganan más que el policía que vigila al país cuyo índice de homicidios es 100 veces superior al de Europa. Los policías trabajan en turnos de 36 horas. La mayoría de los agentes no tiene coche y no puede pagar el autobús hasta el sur o el occidente del país para estar en su casa o reunirse con su familia, por lo que es habitual que se vean obligados a vivir varios meses seguidos en la comisaría. En Honduras no se ven mochileros pidiendo aventón para ir de ciudad en ciudad. En las gasolineras lo que se ve son policías que quieren viajar para pasar unos días en su casa.

* * *

En octubre de 2012, Julieta Castellanos, rectora de la Universidad Nacional y una de las mujeres más influyentes del país, anunció la detención de uno de los policías que había asesinado, un año antes, a su hijo y a un amigo. El agente había trabajado todo este tiempo en una finca de café, escondido y protegido por sus compañeros de la policía, que le llevaban su sueldo cada mes. Castellanos explicó también que la detención se debía a un trabajo personal de rastreo e investigación privada, y que solo algunos datos se habían cruzado con los de la policía para evitar que una filtración le permitiese huir de nuevo.

Sin el asesinato, en octubre de 2011, de Rafael Alejandro Vargas Castellanos, de 22 años, y su amigo Carlos David Pineda Rodríguez, de 23, dos niños bien, y la acción inmediata de una madre, Julieta Castellanos, una mujer poderosa, nunca se habría abierto el debate público sobre la seguridad, la corrupción policial y la impunidad en Honduras. A Rafael y a Carlos los mató una patrulla de cinco policías una noche de sábado. Les dieron el alto, les dispararon, los persiguieron, hirieron a uno de ellos, y cuando descubrieron que el conductor era hijo de alguien importante, en vez de dejarlos ir, maniataron a los dos jóvenes, los llevaron a las afueras de la ciudad y los ejecutaron de sendos tiros en la nuca. Matar en Honduras es el protocolo oficioso para no dejar pruebas.

El crimen hubiera quedado impune de no ser porque, a la mañana siguiente, la rectora Castellanos recuperó las grabaciones de las cámaras de seguridad dispuestas entre la casa de la que habían salido y el lugar donde aparecieron los cadáveres. Descubrió que no solo el asesinato lo había cometido la policía (ella se lo imaginó desde el primer momento), sino que, además, los agentes informaron y pidieron instrucciones a sus superiores sobre cómo actuar una vez cometido el crimen. En pocos días, los cinco agentes fueron detenidos, y poco después se les dio un permiso de fin de semana que aprovecharon para fugarse.

La rectora Julieta Castellanos comenzó entonces una campaña de presión pública y mediática que desembocó en la creación, en enero de 2012, de la Comisión de Reforma de la Seguridad Pública y en una ley de depuración policial. Es sabido que cuando no se quiere solucionar un problema, se crea una comisión. El presidente Porfirio Lobo dijo que los miembros de la comisión y sus recomendaciones tenían el 300% de su apoyo, y que nada los iba a detener. Propuso, en uno de esos arrebatos verbales tan propios de él, cambiarse el nombre si, al final de su mandato, no mejoraba la seguridad en las calles. Por supuesto, el dinero de Estados Unidos financiaría el proceso, y el apoyo del Gobierno colombiano le daría profesionalidad. 14 500 policías, decían, deberían someterse a pruebas de confianza: la depuración de la policía más corrupta del mundo consistiría en someter a los agentes a la prueba del polígrafo y a pruebas toxicológicas que, de no ser superadas, conllevarían su expulsión del cuerpo.

Las sesiones se realizaban en la habitación de un hotel de lujo, y estaban dirigidas por agentes colombianos. «No se identifican en ningún momento, pero se les reconoce por el hablado», me explicó el comisario Miguel González en una gasolinera a las fueras de Tegucigalpa. Al agente se le colocaban alambres en el pecho y en la punta de tres dedos, y, tras pedirle que no tragase saliva en ningún momento, se le efectuaba un pequeño interrogatorio de siete preguntas: «¿Está usted sentado? ¿Está dispuesto a decir la verdad? ¿Ha recibido dinero del crimen organizado? ¿Ha hablado a las espaldas de su jefe? ¿Se considera usted un hombre de honor? ¿Se ha visto usted envuelto en crímenes pesados? ¿Ha traicionado alguna vez la confianza de un ser querido?». El agente González superó la prueba. Aun así, cuando hablé con él estaba muy descontento. «No es un buen trago», reconocía nervioso.

Un año después de la mascarada, solo 33 agentes de un total de 14 500, 0.33% de la plantilla, fueron propuestos para ser apartados del cuerpo. Estos agentes o bien habían mentido durante la prueba o bien se había probado su consumo de drogas. Las cifras que pude conseguir de las agencias de evaluación no cuadraban. Según un documento de la Embajada de Estados Unidos en Honduras, en las primeras 373 pruebas realizadas, 142 agentes habían mentido. Es decir, 38% del total. De aplicarse esta proporción al resto de pruebas, alrededor de 3 800 policías deberían ser despedidos. Algo que, por supuesto, no sucedió.

Los datos finales los desveló el ministro de Seguridad, Pompeyo Bonilla: de 14 500 agentes, fueron despedidos siete. De esos siete, cuatro fueron restituidos por defectos de forma en la comunicación del despido. «No supimos aplicar la ley», fue toda su defensa. El presidente de la República reconoció que, de los 14 500 agentes del censo de policía, solo había encontrado a 9 000. Tan confuso fue todo que incluso dio varias cifras diferentes. Ni él mismo lo tenía claro. Ni siquiera era capaz de contar a cuántas personas estaba pagando un sueldo. Estados Unidos suspendió su apoyo al proceso. El ministro de Seguridad fue nombrado secretario privado del presidente, y el canciller Arturo Corrales fue nombrado ministro de Seguridad. Su primera orden en el puesto fue prohibir a los agentes hablar con la prensa. Desde entonces, se hizo el silencio.

La lentitud, como siempre, se atribuyó a la falta de dinero. A su director solo le faltó mendigar. El presupuesto del proceso de depuración ascendió en su momento más optimista tan solo al 0.58% del presupuesto global de la policía. Las prioridades no se miden en los discursos, sino en el dinero que se les asigna. El proceso, además, planteaba el riesgo de que los agentes depurados terminaran engrosando las filas de crimen organizado. Algo así como unos zetas a la hondureña: miembros de las fuerzas de seguridad que, una vez fuera de ellas, organizaran su propia banda para alquilarse como sicarios a los narcos. La policía me explicó que se estaba montando un grupo de contrainteligencia para darle seguimiento a los policías apartados. Dicha unidad se quedó, en teoría, sin presupuesto. Además del polígrafo y la prueba de consumo de drogas, se enviaron cientos de peticiones a la Corte Suprema de Justicia y al Tribunal Supremo de Cuentas para conocer el patrimonio de los oficiales. Ningún caso avanzó.

En diciembre de 2013, dos años después del asesinato del hijo de la rectora y de su amigo, los policías implicados fueron condenados. La sentencia se leyó un lunes, y el sábado anterior, como si se tratara de un tétrico mensaje sobre la depuración policial, los hechos se repitieron: la misma casa, el mismo grupo de amigos y un cumpleaños. Una decena de estudiantes universitarios se citan para festejar, tras muros y alambres de espino, lo que en cualquier otro lugar se celebraría en restaurantes, bares y discotecas. Se trata de la misma casa de donde salieron el hijo de la rectora Castellanos y su amigo el día en que fueron asesinados. A esa casa se dirige un chico de 20 años, amigo de los chicos asesinados dos años antes, cuando se topa con un control policial. Ignora el alto del agente, la policía responde con un tiroteo y el chico acaba con dos tiros en la espalda. Si sobrevivió a la persecución fue por casualidad, por acelerar lo suficiente y por llegar a tiempo a la casa de sus amigos. La policía tuvo miedo de seguir disparando a un grupo que esperaba a la puerta de una casa de clase alta. La noticia pasó sin mayor debate. No hubo preguntas.

EL TIGRE BONILLA. LA CULTURA DEL SIMULACRO

Tenía delante de mí al hombre a quien llevaba meses acusando de dirigir una policía asesina. Todo este tiempo había soñado con poder preguntárselo mirándolo a los ojos. Ahora solo quería desaparecer. No sé si es el más fuerte o el más temerario de los generales hondureños, Lo que sí sabía cuando me encontré frente a él es que las entrevistas, un deporte de combate, se pierden o se ganan.

—Perdone que no me haya dado tiempo a pasar por casa y vestirme de civil para la entrevista.

Esa fue la primera frase, sonriendo de oreja a oreja, que me espetó el Tigre Bonilla, director general de la policía de Honduras, al mismo tiempo que me rompía la mano y entraba como un huracán en el reservado de un restaurante discreto y modesto en el que me había bebido cuatro limonadas seguidas esperándolo. Era un mediodía frío y lluvioso del 20 de septiembre de 2013 y habían pasado 16 meses desde la primera vez que pedí hablar con él. En ese tiempo yo había publicado seis notas en las que denunciaba su posible implicación en tramas de sicariato.

A Bonilla no le gusta hablar con periodistas, aunque cada vez que lo hace, asciende. Se le conocen dos entrevistas. La primera, en la que Bonilla es descrito como una «cabeza olmeca», se la concedió a Óscar Martínez, de *El Faro*. Óscar, hasta cuando le dan una columna en *The New York Times*, repite la murga de que fue la rudeza mostrada en esa entrevista la que catapultó a Bonilla desde un destino burocrático irrelevante hasta el puesto de director general. Después hubo entrevistas frustradas, como la que quiso hacerle Renato Álvarez en uno de los programas más vistos de la televisión hondureña. En aquella ocasión, Bonilla colgó el teléfono en directo.

—Me hizo una pregunta y se la respondí, pero cuando comenzó a repreguntar pensé que no valía la pena. No me gusta el sesgo, la intencionalidad de las repreguntas de los periodistas.

La segunda entrevista que se le conoce es esta que ahora narro, concedida a un medio extranjero, casualmente, en vísperas de otro posible ascenso o de su caída definitiva. Lleva tiempo dejando entrever que no terminará su mandato, y que su destino depende del resultado de las elecciones de noviembre de 2013. Si gana la oposición, se retira. Si gana el partido en el Gobierno, asciende.

El Tigre Bonilla se siente a gusto manejando los ritmos del teatro. Sabe cuándo mostrarse ambiguo y cómo extender rumores en los mentideros del poder y la prensa. Y cómo cultivar la incertidumbre entre sus aliados y sus enemigos. Tras año y medio en el cargo, goza de gran popularidad en la calle y entre sus superiores, pero es visto con ansiedad en los pasillos de Washington y en la Cancillería hondureña. Me dio a entender que sabe demasiado y que la única forma de quitárselo de en medio es promoverlo para un cargo mejor.

—Un general de cinco estrellas que es director general de la policía puede optar por otro tipo de puestos diplomáticos, como agregado en el extranjero, en Chile o España, para retirarse a leer y escribir.

—¿Sobre qué temas?

—El uso de la seguridad con finalidades políticas o mi tiempo como director de la policía de Honduras.

—¿Toma notas, general?

—No, todo está en mi memoria.

Dos meses después de la entrevista, fue nombrado agregado militar de la Embajada de Honduras en Colombia. Se fue sin despedirse ni abrir la boca. El humor callejero de Tegucigalpa lo situaba en Colombia para ocuparse en origen de los envíos que en Honduras ya tenía controlados. La versión oficial era que coordinaba las políticas de seguridad que les competen a los dos países: los narcovuelos. En todo caso, «patadón parriba». Al policía lo convirtieron en diplomático y lo enviaron lejos, para que todos pudieran disfrutar de su silencio.

* * *

Nuestro encuentro, que prometía ser una comida en un discreto y modesto restaurante de Tegucigalpa ante un filete de res de ocho onzas, terminó convirtiéndose en más de ocho horas de conversación privada y, en gran medida, imposible de transcribir. Elipsis, miradas, frases hechas, sobreentendidos y poca grabadora. El iPhone que puse a grabar sobre la mesa corrompió el archivo, y tuve que pasarme la noche sin dormir recordando lo que habíamos hablado a partir de cuatro garabatos mal dispuestos en una libreta. Nunca protestó por lo que escribí, el mejor elogio que se le puede hacer a la memoria inmediata de un reportero. O la peor crítica: la indiferencia.

Su figura es imponente. De perfil atlético y más de 1.80 metros de altura, cabeza rapada para disimular una calvicie avanzada y una gran nariz que encaja en su cara, angulosa y picada por la viruela, su voz es como la tormenta que nace desde la profundidad de una caverna, primero con lentitud, para atropellarse a medida que se acelera y enerva.

Será cordial, bromista y llano. Utilizará la cercanía física para generar empatía y sonreirá con aparente sinceridad durante todo nuestro encuentro, excepto cuando, en algún momento, baje la voz para adentrarse en ese tipo de secretos que «solo podrían hacerse públicos en un libro y dentro de muchos años». Ese es el tipo de frases que los hombres a cargo de la seguridad del Estado utilizan tanto para no responder preguntas como para anunciar que tienen más información de la que han decidido compartir. Insistirá muchas veces en que no se siente aceptado. Insistirá muchas veces en que le gustaría escribir. Insistirá muchas veces en los secretos. Bonilla no evitará hablar de ningún tema, pero sabrá llevar a su interlocutor a un terreno en el que juega con ventaja y puede zanjar la conversación cambiando de asunto. Su estrategia, no callarse, no dejarse preguntar. Sabe que es un tipo interesante y se limita a seguir hablando y citando.

—No puedo encontrar la biografía de Fouché escrita por Stefan Zweig —se lamenta Bonilla.

El político y conspirador francés Fouché es, tal vez, el ejemplo de travestismo político más perfecto que haya existido nunca. De origen humilde, fue capaz de sobrevivir a gobiernos de diferente color, desde el terror revolucionario (votó a favor de la ejecución de los reyes) hasta la restauración monárquica, pasando por Napoleón. Lo logró gracias al manejo de información que obtenía de su red de espionaje. Dos semanas después de la entrevista, conseguí el ejemplar de la biografía de Zweig. Pero para entonces, Bonilla ya había decidido no responder a mis mensajes. El libro sigue en mi librero, esperando que su dueño lo recoja.

Como Fouché lo fue en su día en Francia, Bonilla es uno de los hombres más poderosos del país. Bonilla es la policía de Honduras y la policía de Honduras es Bonilla. Aunque afirma que no le gusta la caricatura del Tigre Bonilla, ese jefe policial violento y rudo que inspira miedo, es él quien la alimenta. Sabe volverla en su beneficio. O es el sistema el que se beneficia de ella. «El Tigre no me salió gatito, muerde de verdad», decía el presidente cada vez que los periodistas le preguntaban por él. Después de entrevistarlo llegué a la conclusión de que, probablemente, Bonilla no sea más que el malvado útil y vistoso a quien lanzar en los ataques frontales. En cualquier caso, inspirar miedo es parte del personaje.

—Soy un indio, el hijo de un campesino y pescador pobre del sur del país que ha llegado a ser director general de la policía. Fui reclutado por el ejército a los 12 años y sin que nadie me pidiera permiso. Así era entonces en un país que no había firmado las convenciones de los derechos del niño. No elegí, no lo pienso, no lo cuestiono. La vida es así y así tira uno hacia delante. Tengo un recuerdo bonito de aquella etapa, porque me marcó y me hizo ser quien soy.

Más allá de este fogonazo, Bonilla no querrá entrar en ningún detalle ni recuerdo de su infancia. Entre 1981 y 1984 estudió en la Escuela de Carabineros de Chile, y en 1987, en la Escuela de la Policía de España. También se formó en Estados Unidos y asistió a cursos en Israel. No da detalles de fechas o áreas de especialización más allá de una licenciatura en Derecho y una maestría en Seguridad. El enigma es parte del personaje.

«Hay gente a la que le molesto. Bien, a mí no me gustan los ricos y los famosos», repite como un mantra. Queda llano repetir que le gusta más sentarse a charlar con los niños, con los habitantes de las colonias más pobres de la ciudad o con los agentes de postas policiales, que mantener encuentros con políticos en el Congreso o la Casa Presidencial. Esa falsa llaneza es parte del personaje. Pero es cierto que no se le conocen encuentros con los líderes del país ni fotografías, aunque sea en reuniones de trabajo o actos públicos, charlando con ministros o diputados. Ni siquiera con el presidente que lo nombró.

Bonilla se mueve con un solo escolta, que al mismo tiempo es un conductor tremendamente preciso de un vehículo blindado que esquiva los atascos del tráfico de Tegucigalpa como si compitiese en un *rally* por la montaña. Dentro del vehículo hay dos chalecos antibalas, y entre la palanca de cambios y el asiento del copiloto, un fusil M-16 cargado. Cuando se le pregunta por su escasa seguridad personal en un país donde hasta el hijo de un secretario de Estado lleva más guardaespaldas que él, el hombre que controla la policía de Honduras regala una de esas frases que responden a la lógica de cualquier hombre en su posición, pero que leídas con sesgo pueden ser malinterpretadas:

—Igual que no tengo miedo de morir, tampoco tengo miedo del uso de las armas y los brazos para defenderme si se me ataca. Si alguien entrase por esa puerta, yo saltaría por encima de la mesa con mi pistola para defenderme antes de que usted se diese cuenta de que está paralizado por el susto.

Bonilla es un hombre cansado. Impaciente, impetuoso, que probablemente le grita a todo el mundo, aunque yo solo lo vea hacerlo al teléfono con una sonrisa en la cara y mientras me guiña un ojo. Un hombre que no puede mantener una conversación completa ni terminar una idea porque sus teléfonos suenan 24 horas al día, siete días a la semana. Un solterón que no se cuida, no come, no duerme, no descansa, no se toma un día libre —solo el presidente puede darle vacaciones, y aunque se las ha pedido, no le han sido concedidas— y ha tenido que ir varias veces al hospital por el estrés en el que vive, como explica sin mayor rubor. Un hombre que está siendo atacado por todos los frentes desde el mismo minuto en que asumió su cargo. Un hombre que está tratando de hacer las cosas bien, dice. Que si no lo consigue, afirma, es porque tiene enemigos dentro de su propia fuerza policial, entre la clase política y entre los donantes extranjeros, en referencia a Estados Unidos. Un hombre que, si por momentos ha perdido el control de la policía, ha conseguido recuperarlo con autoridad, sostiene. Que se ha enfrentado a gritos en público dos veces con el ministro de Seguridad y con la embajadora de Estados Unidos, de quien depende gran parte de su presupuesto, al menos, el dinero para las unidades de élite y las operaciones antidroga, que son las que importan. De aquellos incidentes salió fortalecido. El presidente lo confirmó en su cargo y la noticia se filtró al público. Un hombre que sabe construir su personaje.

Un personaje con sombras.

Fue acusado en 2002 por la entonces jefa de Asuntos Internos de la policía, María Luisa Borjas, por su supuesta participación en asesinatos cometidos por policías. Fue juzgado y absuelto, pero las acusaciones han regresado periódicamente a la luz pública, especialmente, desde que fue nombrado director general de la policía en mayo de 2012. Estas acusaciones han envenenado su relación, y la del Gobierno de

Honduras por extensión, con el gobierno de Estados Unidos. Le entré a bocajarro.

—¿Ha matado usted, general? Sabe que tengo que preguntárselo.

—Esa acusación es totalmente falsa. La niego totalmente. Yo no estaba allí, yo no tuve nada que ver con esos hechos. Eso sucedió en San Pedro Sula cuando yo estaba en Tegucigalpa. La entonces jefa de Asuntos Internos de la policía reunió testimonios y decidió atacarme. Nunca sabré por qué lo hizo. No quiero seguir hablando de ello durante más de diez años. Me denunciaron, me dieron una orden de captura, me presenté (un año después de ser declarado en busca y captura), me juzgaron, me absolvieron, el fiscal recurrió, la Corte Suprema de Justicia me absolvió de nuevo. Ningún caso más se abrió. No hay nada contra mí.

Arabeska Sánchez es la directora del Iudpas (Instituto Universitario de Paz y Seguridad) de la Universidad Nacional, y ha sido profesora de la Academia Nacional de Policía durante diez años. Conoce muy bien a Bonilla.

La sociedad lo percibe como una persona peligrosa, y él mismo me ha dicho que es un perro de presa al que los políticos sueltan cuando les interesa. Es introvertido, tímido, desconocido para casi todos, un hombre sin vicios, estudioso, aplicado, metódico, que trabaja noches seguidas sin parar. Incluso sus propios compañeros le tienen entre miedo y respeto. Si está en el cargo es porque es la opción menos mala. No había más donde elegir porque es el único alto jefe policial sin vínculos conocidos con el crimen organizado, a diferencia de otros, pero no está libre de ser cuestionado, porque es imposible saber si ha estado implicado en políticas de Estado de violación de los derechos humanos que han sucedido cerca de él. Bonilla es más militar que policía, un gran defensor del ejército visto por muchos como el hombre que ha facilitado que la seguridad pública se militarice. Es un hombre que cuando decide actuar en público es carismático, cómico cuando quiere, y al mismo tiempo, la persona a la que nadie querría encontrarse de noche en una calle oscura. Un auténtico superviviente que no confía en nadie. Un hombre extremadamente inteligente.

Dos de sus compañeros de promoción no tuvieron la más mínima duda al calificarlo de «asesino» cuando me reuní a merendar con ellos en casa de una amiga común. Los dos policías me contaron directamente y en primera persona cómo lo vieron matar a alguien a bocajarro y jactarse de ello ante más agentes. Me relataron también otros episodios oscuros, sin fechas ni nombres, imposibles de confirmar. Lo que no podía esperarme es que fuera el propio general quien me contara uno de estos episodios oscuros. Con ese tono teatral de las confidencias impostadas, me contó cómo en una ocasión la mujer con la que acudía a una fiesta sufrió un feo accidente, «un resbalón», y cómo sus amigos le ayudaron a que ese incidente no se hiciera público. No fui capaz de entender su historia ni de descifrar el objetivo oculto de aquel relato forzosamente confuso, lleno de lagunas e incómodos sobreentendidos.

Generar confusión es parte del personaje.

***

El general Bonilla vive en una colonia de clase media trabajadora próxima al aeropuerto de Tegucigalpa que, como tantas otras, ha sido recientemente cerrada con portones metálicos y tiene guardias de seguridad. Su casa, recién pintada y escondida tras un muro, no corresponde con la importancia de su cargo. Es la casa elegante pero pequeña y discreta de un profesional de clase media que vive solo. Salta a la vista que ha sido poco habitada, poco vivida. La limpieza y orden extremos de cada uno de sus elementos, perfectamente alineados, que parecen no haberse movido en años, sugieren que se ha convertido tan solo en un lugar de paso dentro de la agitada vida del general. Me invita a sentarme en el rincón de descanso: «un patio campesino que me recuerda la infancia», en verdad, una sala cubierta por un tejado, con una gran mesa central de madera, una parrilla para asar carne, un reproductor de DVD, un pequeño televisor de plasma «que casi nunca enciendo» y un gran mueble con docenas de botellas de whisky y vino. Todo bajo la atenta mirada del papa Juan Pablo II. Abre un cajón y muestra dos docenas de cajas de puros de diferentes gamas. «La gente regala puros y licores, y yo aquí los dejo porque ni bebo ni fumo». Bajo el cristal que protege la madera de la mesa, esconde una colección, simétricamente ordenada, de billetes de países en los que ha estado y de parches identificativos de todas las unidades por las que ha pasado y de todas las fuerzas policiales de otros países con las que ha cooperado.

Me enseña también su espacio privado de trabajo, un pequeño despacho aislado del resto de la casa en el que ha instalado una computadora, una impresora, un teléfono, una silla y un mueble que es a la vez de mesa de trabajo y biblioteca llena de libros. Bonilla es el tipo de persona que clasifica todos sus libros por temas y les pone un número en la solapa. Que marca las páginas importantes con papeles de color y subraya los párrafos que le interesan. En su biblioteca se encuentra lo que uno espera encontrarse en la biblioteca de un general. Se jacta de tener casi todo lo que se ha publicado sobre narcotráfico en América Latina, desde libros sobre Pablo Escobar y Álvaro Uribe, hasta estudios sobre los zetas, pasando por las crónicas de la violencia en Centroamérica publicadas por *El Faro*, hasta clásicos como Foucault, Fukuyama o Goffmann y muchos libros sobre seguridad. Ha encuadernado todas las notas tomadas durante sus estudios y las conserva. Terrorismo y contrainteligencia, manuales de operaciones especiales, monográficos sobre la historia de las guerras mundiales o una biografía de Napoleón. En una alacena, una pequeña colección de pistolas y fusiles antiguos junto a una ametralladora de la que no quiere hablar. Tras la puerta hay un pequeño desván con cientos de libros. Pero entre todos sus libros, si algo destaca, es una copia completa, forrada en piel y colocada en el centro de la mesa, del expediente en el que se le acusaba de asesinato.

—Me ha hecho tanto daño que no quiero olvidarlo nunca.

El único detalle personal que cuelga de las paredes de su casa es una fotocopia ampliada y enmarcada de una caricatura de periódico en la que aparece persiguiendo con un polígrafo en los brazos nada más y nada menos que al presidente de la República, al del Congreso y al ministro de Seguridad. En sus palabras, «si alguien me tiene miedo es porque sabe que conmigo no hay negociación ni influencia posible, yo no hago favores, yo no me pliego al poder político, ni a sus campañas, ni a las amenazas. Yo no me pliego ante nadie».

«A veces me despierto a las cuatro de la mañana y aquí me siento a trabajar. Por las noches, cuando no puedo dormir, o cuando quiero concentrarme, aquí me encierro yo solo con música clásica», explica mientras enciende la computadora. Con la misma ilusión y orgullo que desborda mi hija cuando me enseña los dibujos que ha hecho en la escuela, Bonilla decide leerme en voz alta la última carta que le ha enviado al ministro de Seguridad, Arturo Corrales. También me lee el documento titulado *Operación Neptuno*, que asegura haber escrito él mismo y que hace referencia a la operación policial que 24 horas antes había incautado bienes por valor de más de 500 millones de dólares a la banda de los Cachiros, supuestamente, el mayor cártel de narcotraficantes de Honduras.

«Este tipo de trabajos son exclusivamente míos, yo coordino la investigación, yo escribo el informe, yo redacto, superviso y manejo la operación en coordinación con la Embajada», dice marcándose un gran farol.

Les hemos quitado sus empresas, les hemos quitado su dinero, se han ido del país. No los hemos detenido, pero sabemos dónde están, en Guatemala, es cuestión de tiempo que caigan y que sean extraditados. Es la misma situación que se da con Chepe Handal (un conocido narcotraficante del país), intervinimos sus propiedades y se fugó a Guatemala. Es cuestión de tiempo. Sabemos dónde están todos ellos.

Pese al bombo y platillo con que se presentó la Operación Neptuno, una filtración interesada del director de la Oficina de Bienes Incautados de Honduras desvelaría, semanas después, que cuando la Fiscalía se hizo cargo de las cuentas, estas ya habían sido vaciadas. En cualquier otro país, los responsables habrían dimitido. En Honduras no hubo preguntas ni fue noticia. Bonilla nunca volvió a responderme al teléfono. La secretaria de Estado adjunta de Estados Unidos para el hemisferio occidental tampoco respondió.

Bonilla ascendió al cargo después de que su predecesor, el general Ricardo Ramírez del Cid, fuera destituido en medio de la polémica y las acusaciones contra la policía por el asesinato de uno de los periodistas más conocidos del país, Alfredo Villatoro. Pocos meses después de ser destituido, con Ramírez ya fuera de la policía y centrado en sus negocios, su hijo, de 17 años, fue asesinado junto a sus dos escoltas mientras compraba pollo frito en un restaurante. El crimen lo ejecutó un operativo de al menos diez personas armadas y con chalecos antibalas que se desplazaban en dos camionetas de lujo. Varios fueron detenidos. Eran del Barrio 18. Todo resulta tan turbio en Honduras que el general Ramírez, exjefe de la policía, concedió al día siguiente una entrevista en el jardín de su casa para asegurar que el general Bonilla, su sucesor, era el principal sospechoso de dirigir el operativo que terminó con la vida de su hijo. El general, cuando le pregunté, no solo lo negó todo, sino que me dijo que Ramírez del Cid había tratado de eliminarlo a él en dos ocasiones: la primera, colocándole como chofer a un policía primo de Lucifer, uno de los jefes del Barrio 18, y la segunda, con café envenenado.

Este tipo de acusaciones circulan por Honduras como sospechas habituales. Es fácil encontrar policías que acusan a otros policías de asesinos, de empleados de los cárteles, de torturadores, de extorsionadores, de trabajar directamente con las pandillas. Así se dirimen los ascensos y las venganzas tras las destituciones en la policía de Honduras, con la confidencia venenosa de las serpientes. Es mucho dinero el que está en juego. El jefe de la policía es quien pone o levanta controles en las carreteras por donde transita el 90% de la cocaína que llega a Estados Unidos. Igual que la posta de La Granja, en la salida al aeropuerto, estaba especializada en robar carros, otros puestos policiales comparten con las pandillas el dinero del narcomenudeo o la extorsión de las rutas de busitos del barrio. Por eso se combate a la hora de decidir ascensos, por eso se juega sucio, por eso todo el mundo está pendiente de su futuro.

* * *

En mayo de 2013 visitó, junto al obispo Rómulo Emiliani, a los miembros del 18 en el penal de San Pedro Sula. Ellos buscaban una tregua entre pandillas como la que comenzó en El Salvador en 2012, que redujo a la mitad el número de homicidios.

—Me explicaron sus puntos de vista, me dijeron que estaban cansados de tanta violencia, y una de las cuestiones que mencionaron es que hay pandilleros casados con hermanas de policías y policías casados con hermanas de pandilleros.

Dice que solo en ese momento se dio cuenta de lo estrechas que pueden ser las relaciones personales entre agentes y delincuentes. Es ingenuo el general si ha tardado treinta años de carrera en darse cuenta.

—Nuestros policías comparten centros penales con los delincuentes, comparten barrios, comparten vínculos familiares. El ejemplo perfecto es el del infiltrado que deja de informar y se convierte en parte de la red criminal en la que se infiltró. Yo trato de evitar eso en la medida de mis posibilidades. Mi policía no tiene infiltrados. Yo no trabajo así. Yo, si necesito una información, pago por ella y protejo a esa persona que nos colabora. Yo no puedo estar encima de todo, alguna vez se me va a escapar algo. Soy humano. No puede tratar de culparme a mí de todo lo que sucede dentro de la policía.

La cuestión es que sí está encima de casi todo.

Y tiene respuestas para casi todo.

El primero de los casos de pandilleros asesinados por la policía que reporté fue el de Teiker y su novia, Yadira. Bonilla conocía la historia a la perfección y me dio su versión de los hechos en un *off the record* que ahora puede publicarse:

—Ese tipo de comportamientos se deben a la competencia por el territorio y la actividad ilícita entre organizaciones criminales como la 18, la Salvatrucha o el grupo de los Chirizos. A veces hemos descubierto que grupos criminales tienen uniformes y equipamiento policial. También sabemos que hay miembros de la policía que tienen vínculos con esas organizaciones. No se puede utilizar un concepto como el de escuadrones de la muerte, porque no hay una línea jerárquica ni una orden, nunca, bajo ningún concepto, de desarrollar ninguna actividad ilícita. Sí, a Teiker lo mató un grupo de policías, ¿se acuerda de aquel agente de Investigación Criminal que mataron un domingo al terminar un partido de futbol con su hijo?, ese era. Pertenecía a un grupo de agentes que trabaja para la Mara Salvatrucha, y estamos encima de ellos.

Teiker solo fue el primero. Después le pregunté, uno por uno, por cinco casos de pandilleros desaparecidos o muertos en custodia policial; le conté que había tenido acceso al expediente de la Fiscalía que documenta cómo un hombre falleció por rotura del hígado mientras estaba detenido en una comisaría por escándalo público; le señalé fechas, lugares y nombres, le conté cómo un pandillero fue asesinado en agosto a golpes por un grupo de policías, pocos minutos después de que hubiera asesinado de un tiro en la cabeza a un agente de tráfico. A todas las historias replicó Bonilla con la misma palabra: «Investigaremos».

* * *

Bonilla llama por teléfono a una franquicia de Power Chicken y pide varias raciones de arroz, refrescos y pollo frito para él, el periodista y dos policías que lo acompañan. Mientras esperamos la cena, se sienta en una silla mecedora de madera y sus teléfonos se activan. En ese tiempo Bonilla recibe una llamada desde Comayagua informándole de que una banda criminal ha asesinado a un agente de policía. Bonilla hace un par de llamadas más y localiza a un agente que conoce el funcionamiento de esas bandas. Está de descanso, pero le pide que se incorpore inmediatamente a la operación y que no regrese a su casa hasta que no dé con los asesinos. Llama a un oficial del ejército y le pide refuerzos, informa al jefe de la policía local de que la coordinación militar está en marcha y tiene tiempo, entre llamada y llamada, de preocuparse de que la familia del agente reciba un ataúd. Paralelamente, recibe una llamada de la coordinadora de fiscales del departamento de Atlántida, en el Caribe, solicitando una patrulla policial que la proteja para realizar un arresto y, después de bromear con ella y cuestionar por qué ese movimiento no se ha coordinado antes, solicitará su posición exacta y contactará con el jefe departamental: «Si la coordinadora de fiscales no tiene inmediatamente una patrulla a su disposición, mañana mismo se viene a Tegucigalpa y lo pongo a disposición; sí, ya sé, tenían que haberlo pedido con antelación y no lo han hecho, pero no es momento de tener esa conversación, mueva una patrulla ahora mismo».

En el transcurso de las gestiones para resolver el secuestro de un exmagistrado en Trujillo, Bonilla confirmará a su interlocutor que «ya he pedido apoyo a la Embajada». Un poco más tarde lo escucharé decir: «Localícenme inmediatamente a este elemento de la policía, quiero saber dónde está ahora mismo, localicen sus teléfonos e intervénganlos, hay que pedirle apoyo a la Embajada».

Pedirle apoyo a la Embajada. No sería nada raro si no fuera porque, a raíz de las informaciones del asesinato del pandillero Teiker, el subsecretario de Estado, William Brown-field, afirmó solemnemente que Estados Unidos no volvería a trabajar en colaboración con el Tigre Bonilla. Se limitaba entonces a aplicar la Ley Leahy, que impide que personas y unidades acusadas de violar los derechos humanos reciban dinero del contribuyente estadounidense. Es decir, que el fontanero de Milwaukee no pague con sus impuestos los helicópteros que matan civiles en La Mosquitia ni el entrenamiento militar a policías que asesinan a un chico de 15 años que sale de noche a buscar a una chica. Pero la realidad es que a ninguna de las dos partes les interesa suspender la colaboración. Lo que se firma en los papeles se contradice en los despachos. En Honduras a nadie le importa, y en Estados Unidos, tampoco; un senador demócrata hace algo de ruido, pero su acción se pierde en la trituradora de la actualidad informativa. Honduras, y menos un confuso debate ético-legislativo, no puede competir con Siria, Cuba o Rusia.

—General, ¿se coordina usted con la Embajada?

—Yo ya le he dado la respuesta que le tengo que dar. Hay necesidades operativas y ellos son nuestros aliados. El trabajo conjunto y la coordinación están dando resultados positivos. Brownfield dijo lo que le correspondía decir. Yo no tengo ninguna relación con William Brownfield ni con la embajadora de Estados Unidos, hay cuestiones que no pertenecen a la política, que solo se pueden resolver operativamente; yo soy el responsable de la operativa de la policía nacional de Honduras porque soy su director general, y no delego mi responsabilidad en nadie. Como dijo Truman: «El retrato de todo hombre es el trabajo que hace».

Ha llegado el pollo.

—Ya he dado las órdenes que tenía que dar, ahora vamos a cenar.

Eso significa que durante un rato dejará de atender a las llamadas, y eso significa que puede desarrollar un nuevo monólogo sin interrupciones. Ahora toca hablar de los culpables de la violencia, un problema importado, ajeno a la idiosincrasia hondureña. Cree que gran parte de las armas que circulan por el país proceden de la época de aquel polémico coronel norteamericano, Oliver North, que lo mismo nutría de armas a los iraníes para que matasen iraquíes, que inundaba de armas a través de Honduras a la contra nicaragüense para que derrocaran al Gobierno sandinista. A eso le suma la deportación de delincuentes desde Estados Unidos a partir de la década de 1990, y la desarticulación de los cárteles colombianos y su consiguiente «efecto cucaracha»:

—Al aplastar a las cucarachas, sus huevos explotaron y expandieron las crías; al fumigarlas, las expulsaron del lugar en el que estaban.

Y las cucarachas llegaron a Honduras, un país con instituciones débiles, una base donde instalarse para organizar el tránsito de cocaína en dirección a Estados Unidos

—Un paraíso que los narcos convirtieron en infierno.

En un tono académico, Bonilla resume que esos son los actores principales que han penetrado en todas y cada una de las estructuras del Estado, corrompiéndolas todas: el narcotráfico y aquellos a quienes el narcotráfico utiliza para sus trabajos de transporte y sicariato; y las pandillas, que se han sumado también al negocio de la extorsión.

—Solo podremos combatirlas si hay un compromiso político de fortalecer a la policía y al ejército con unos medios, una estructura y una tecnología que hoy en día no se tienen. Pero Honduras no es un país ingobernable. No hay una conmoción social generalizada. No es un Estado fallido. Cuando se toma la decisión de entrar, se entra; aún podemos entrar, con lo cual, no somos un Estado fallido, somos un Estado con problemas serios, pero no fallido.

Antes de dar por concluido nuestro encuentro, pide a su custodio que le traiga un libro de la guantera del vehículo. Se trata de un clásico de la estrategia militar, una edición comentada de *El arte de la guerra,* de Sun Tzu, un general chino que vivió hace 2 600 años.

—¿Quiere saber cuál es la idea con la que me gustaría concluir este encuentro?

—Por supuesto, general.

Abre el libro y lee un párrafo subrayado de la introducción.

—«Vivimos en la cultura del simulacro, en la que nada es lo que parece y reina una imagen que no tiene referente en el mundo real».

LOS QUE CUENTAN HISTORIAS

Debe pagar bien tener rey

PERIODISTAS

El 24 de junio de 2013 Anibal Barrow, director del programa televisivo *Anibal Barrow y nada más* (canal Globo TV), fue secuestrado en San Pedro Sula. Un par de horas después su coche apareció con restos de sangre y un disparo que reventó en pedazos la ventanilla. Desde el momento de su desaparición corrieron los rumores. La prensa local repitió durante un par de días, citando fuentes policiales sin identificar, que «un poderoso empresario de la costa norte había pagado alrededor de 20 000 dólares para ejecutar al periodista». El 9 de julio el cuerpo de Barrow, descuartizado, fue localizado en el interior de varias bolsas de plástico en una laguna muy próxima al lugar en que la policía había encontrado su vehículo. Se detuvo a los supuestos autores materiales, y a partir de ahí las fuerzas de seguridad, como en otros casos donde hay periodistas involucrados, guardaron silencio. ¿Lo habían matado por periodista o lo habían matado por otro tipo de problemas en un país donde se mata para cobrar deudas, para evitar extorsiones, por hastío, celos, enfrentamiento en los negocios o simple locura sádica? Como en el caso de tantos otros comunicadores, nunca se sabrá.

Frases hechas: «No nos dicen las razones por las que matan o secuestran periodistas en Honduras, y eso tiene un claro objetivo: amedrentar a los periodistas para que no hagamos nuestro trabajo». «El asesinato de Barrow fue un claro mensaje a todos los periodistas de Honduras». «Quien mata a un periodista nos agrede a todos». «Hay denuncias de intimidación, amenazas de muerte continuadas, lo que lleva a que los periodistas que tratan de diversos temas —sobre todo, los relacionados con el narcotráfico y con el crimen organizado—, sientan cierto temor a la hora de realizar su trabajo».

Datos: Honduras es, según la Relatoría para la Libertad de Expresión de las Naciones Unidas y Reporteros sin Fronteras, el país que tiene el mayor índice per cápita de periodistas asesinados: solo entre 2010 y finales de 2013 fueron 31. Durante dos años, desde el PEN Club hasta el Center For the Protection of Journalists de Estados Unidos, y por supuesto Naciones Unidas y Reporteros sin Fronteras, se acercaron a mí, el único corresponsal extranjero fijo en el país, para pedirme consejo. Nadie se cuestionó nunca lo que yo me cuestiono. No me consta que salieran a preguntarlo y, si lo hicieron, no mereció ni una línea en ningún informe. El periodismo marca barreras de entrada a quienes quieren preguntar sobre su propio ejercicio. Se aplica a sí mismo doble rasero. Nadie vigila —nadie quiere vigilar— al periodista.

Cuestionamiento: ¿Qué dijo Barrow en su programa, qué denunció, qué pieza de periodismo de investigación contra intereses criminales realizó Barrow para que alguien se tomase la molestia de contratar a una banda de sicarios y mandarlo descuartizar? O nadie lo sabe o hay alguien que lo sabe y se calla. El que busca, desde luego, no lo encuentra. Los autores materiales del crimen fueron detenidos y juzgados. Nunca dijeron por qué lo mataron. Cuando publiqué que la policía había hecho desaparecer a un líder del Barrio 18, solo había que teclear mi nombre en Google para encontrar decenas de referencias a la publicación. Cuando un periodista hace periodismo de investigación, su nombre aparece vinculado a investigaciones con nombre y apellido. Cuando lo matan por eso, la respuesta está ahí fuera, a golpe de buscador.

En relación con la tasa de homicidios del país, la de periodistas asesinados es imperceptible. No destaca. Honduras es un país de muerte generalizada. Por tanto, es difícil centrarse en colectivos. La de periodista es una profesión peligrosa en Honduras. Porque es peligroso vivir en Honduras. Los taxistas o los profesionales del derecho sufren índices de homicidios que multiplican varias veces los del periodismo. Tan solo en 2012, 84 taxistas murieron asesinados. Los abogados asesinados ascienden a 64. Pero ni los taxistas, ni los abogados, ni las vendedoras del mercado saben cómo llamar la atención. Si preguntando en la misma escena del crimen puedo conocer las razones del asesinato del taxista más anónimo de Tegucigalpa, ¿cómo no conocer la de personas públicas que se pasan el día publicando y hablando frente a las cámaras?

No es posible encontrar una denuncia sobre redes de narcotráfico, políticos o policías corruptos que haya sido realizada por alguno de los treinta comunicadores asesinados en Honduras en los últimos años. Tampoco es fácil encontrar, más allá de vagas declaraciones sin citar nombres ni apellidos concretos, un ejemplo de periodista asesinado por su oposición al golpe de Estado de 2009.

El primer caso de periodista asesinado que me tocó reportear, fue el de uno que tenía un programa de televisión en el que adivinaba los números de la lotería. Completaba su jornada con una consulta de vidente por la tarde. Los compañeros con los que hablé lo acusaban de extorsionar a sus clientes incautos. Su caso fue incluido por las ONG en las estadísticas de periodistas asesinados. El último asesinato que cubrí antes de marcharme era el de un auténtico héroe de la libertad de expresión para algunos. Murió tres años después de su último trabajo periodístico como camarógrafo. Poco después de su muerte, la madre explicó que su hijo andaba metido en un extraño asunto de drogas.

En la lista de asesinados figuran desde corresponsales radiales de pequeñas localidades del interior del país asesinados a machetazos por un vecino, hasta presentadores de programas de variedades que se movían escoltados, pasando por un portavoz policial de tráfico, una comentarista deportiva acribillada a balazos junto a su novio, un locutor evangélico o el portavoz de un sindicato agrario. Personas que, pese a engrosar la lista del país con más comunicadores per cápita asesinados en el mundo, difícilmente hacían periodismo de investigación y denuncia. En la acusación, una vez más, recae la carga de la prueba. ¿Los mataron por periodistas, por comunicar, por problemas personales, se los llevó la ola de violencia generalizada que azota al país? Solo hay algo en lo que es fácil coincidir: en Honduras no se investiga, y sin investigación no hay respuesta posible.

* * *

Así se podría resumir la situación del periodismo en Honduras: insultos, racismo, machismo, homofobia, politización extrema, diputados periodistas, periodistas diputados y candidatos a diputados, periodistas ministros, dueños de canales de televisión que son diputados y diversifican sus negocios (desde casas de citas hasta tráfico de sustancias), dueños de periódicos que proveen de suministros al Estado y que ponen y quitan ministros a través de sus portadas, justificaciones en la prensa de los asesinatos extrajudiciales, noticias sin fuentes, mentiras, errores y faltas de ortografía en cada página. Una prensa que da por buena y digna de portada una información telefónica que ubica a 18 miembros de una misma familia asesinados y quemados en una aldea del país en la que ni la policía ni ningún periodista ha puesto un pie. Los dos diarios de mayor circulación del país, *El Heraldo* y *La Prensa*, pertenecen al grupo OPSA, cuyo accionista mayoritario es el empresario Jorge Canahuati, principal proveedor médico del Estado, y a la vez, director ejecutivo de la Sociedad Interamericana de Prensa. Y los dos siguientes, *La Tribuna* y *Tiempo*, pertenecen respectivamente al expresidente de la República y actual presidente del gobernante Partido Nacional, Carlos Flores, y al portavoz del opositor Partido Liberal, Yani Rosenthal. Dos de los principales canales de televisión son propiedad de los colaboradores más cercanos del expresidente Zelaya, y uno de ellos es incluso su número dos en el Congreso. Otros dos diputados-periodistas de la resistencia al golpe son perlitas de las que hablaré más adelante: Edgardo Castro, el homófobo, y José Luis Galdámez, el hombre del gatillo fácil, que resuelve sus discusiones de tráfico matando taxistas mientras disfruta de las medidas de protección de la Corte Interamericana de Derechos Humanos. El periodismo de servicio público en el país consiste en un *banner* de publicidad con la siguiente leyenda: «Envíe los datos de su desaparecido al 2442 y lo ayudaremos a encontrarlo». Costo del mensaje, 2 dólares.

Quizás el principal problema de la profesión periodística hondureña sea la corrupción económica generalizada. «A mí me ofrecieron dinero, me levanté de la mesa y les dije que ya les llamaría, y a día de hoy aún están esperando mi llamada», afirmaba tan enfadado como digno y orgulloso Danilo Izaguirre, director de un programa radiofónico en la emisora HRN y que en sus cuarenta años de carrera ha compatibilizado el periodismo con los puestos de jefe de Relaciones Públicas de la Corte Suprema de Justicia y diputado en el Congreso por el gobernante Partido Nacional. Izaguirre afirma que no puede negarse su intachabilidad. Está orgulloso de compatibilizar cargos que en cualquier país del mundo lo incapacitarían para ser respetado como periodista. «Lo permite la ley, luego, puedo hacerlo». No lo entiende ni aunque se lo expliquen. Él es «intachable», insistía mientras yo le mostraba papeles que lo cuestionaban y levantaba la voz amenazándome en su despacho el día en que me encaré con él.

El presidente del Colegio de periodistas, Juan Ramón Mairena, cree que el periodismo se ha convertido en un negocio para los que no son profesionales del periodismo. Un negocio sucio. El Estado es el que más publicidad aporta a los medios de comunicación. Por eso hay periodistas que se dedican a denigrar y se compra su silencio con publicidad. Muchos no son periodistas, son delincuentes profesionales. Sobre esto sí existen pruebas.

Geovanny Domínguez admite que en sus 15 años como profesional ha recibido ofertas de suculentos viajes a Asia y sobres con dinero: «Nadie puede negar que existen los sobornos a periodistas, y solo hace falta leer las informaciones para percibir el posicionamiento de un medio u otro. Cuando aceptas un soborno te conviertes en defensor de quien te paga, y es posible que la muerte de periodistas en Honduras pueda tener relación con esos sobornos. Yo nunca acepté uno de esos sobres con dinero, se me caería la cara de vergüenza», sentencia enérgico antes de explicar que hay algunas fuentes que pagan incluso más que los propios medios. «Para un profesional de la información, 700 dólares mensuales es muy poco. Los dueños de los medios les dan a sus empleados alguno que otro anuncio de publicidad para que puedan ganar más dinero, y entonces es aquí cuando el periodista se convierte en un comercial y deja de lado la información». Es el caso de Danilo Izaguirre, el periodista-diputado portavoz de la Corte Suprema que, dentro de su contrato de trabajo con la cadena radial HRN, vende dos o tres anuncios por su cuenta que le reportan «unos 5 000 dólares al mes», según él mismo me explicó. «El fruto de muchos años de trabajo y respeto ganados». Por supuesto, señor Izaguirre.

Un día tuve acceso a una lista de la Secretaría de Salud titulada *Relación de amigos*. En ella aparecían 64 nombres de informadores hondureños que recibieron entre cientos y miles de dólares durante el período en el que Arturo Bendaña fue ministro de Salud (agosto 2010-septiembre 2011). Las propiedades del archivo indican que su autor es Moisés Torres, gerente administrativo de la Secretaría de Salud durante la administración de Bendaña. Tanto Danilo Izaguirre como Geovanny Domínguez negaron cualquier relación con esa lista o con Bendaña. Sin embargo, ambos nombres aparecían en el documento. Izaguirre recibió, supuestamente, 15 500 dólares durante un año; mientras que Domínguez habría cobrado, supuestamente, la mitad, 7 250. «No es la primera vez que dicen que aparece mi nombre en una lista como esta», afirma un dubitativo Domínguez. La Secretaría de Salud es solo una de las treinta secretarías que existen en el país. Cada uno con su propia lista.

Las manos de Domínguez tiemblan mientras ojea todos y cada uno de los nombres que aparecen en la lista que se le entrega. Se hace un incómodo silencio. El periodista está fuera de juego. Pasan los minutos hasta que se rehace de la impresión. «No he recibido ningún dinero por parte de Moisés Torres o la Secretaría de Salud», se defiende. Pero explica y reconoce que este tipo de pagos es normal entre los periodistas hondureños; algunos compañeros emprenden campañas contra funcionarios o políticos con el único fin de acabar recibiendo dinero para guardar silencio.

«Mi nombre no está en esa lista», afirmaba Izaguirre antes de lanzármela con desprecio. Tras insistirle en que su nombre aparecía en esa lista («léala bien, por favor»), se calzó los lentes y la releyó. Vio su nombre y pasó al ataque. «Ya no le hablo como periodista, sino como abogado. Debe tener un documento con mi firma que acredite que yo haya recibido dinero por parte de la Secretaría de Salud. Mi palabra vale más que mi firma, porque esta me la pueden falsificar. Papelitos hablan… Es ridículo». Ambos admitirán que el documento «podría» ser verdadero, pero matizan que sus nombres habrían sido incluidos con algún fin oscuro.

Los detalles que algunos de los comunicadores comparten en privado son grotescos. Desde las listas «en planilla», es decir, los pagos fijos por transferencia bancaria, hasta el regalo de coches, computadoras personales o vacaciones en el extranjero que alguno de los más ancianos me explicó, sin querer añadir su nombre a su denuncia. Cenas de Navidad en las que el relaciones públicas de la secretaría pasa por las mesas entregando sobres, pagos en efectivo por parte de cargos del Congreso al terminar las entrevistas o ruedas de prensa. Me pasé dos años tomando cervezas con ellos, escuchando los detalles más grotescos de boca de compañeros que se cuentan unos a otros lo que les ha pasado la última semana sin percatarse, al principio, de que lo que era normal para ellos, quizá no lo fuese tanto para mí. Por supuesto, terminaron por callarse cuando yo llegaba.

La compra de voluntades, la extorsión, el soborno y la «mordida» han sido parte fundamental del periodismo en Honduras desde hace al menos cuatro períodos presidenciales. La lista de 65 periodistas sobornados es solo una muestra de una práctica que a muchos periodistas hondureños les parece común. Una práctica que, desde dentro, pocos están dispuestos a denunciar. Alzar la voz les podría costar la expulsión del colectivo y el ostracismo. Varios amigos me contaban entre risas que Zelaya fue el presidente más extorsionado de la historia, que los periodistas se le acercaban después de las ruedas de prensa para pedirle dinero y el presidente apuntaba una cantidad, siempre superior a lo que le habían exigido, en una servilleta y la firmaba para que el informador pudiese ir luego a cobrarla.

Para ser testigo de estas escenas solo hay que salir «de ruedas de prensa» y contemplar en acción a esos «grupos de cinco o seis personas que asaltan a un funcionario y, con la excusa de hacerle una entrevista, aun con la grabadora apagada, le piden 100 o 200 lémpiras» (de 5 a 10 dólares), explica un corresponsal hondureño. Dentro del gremio se han llegado a nombrar a estos grupos como Los Temerarios o Las Juanas. La nota cómica la ponen esos funcionarios que se escapan corriendo por los pasillos.

El ministro de Defensa Marlon Pasqua se vio obligado a interrumpir una entrevista conmigo para decirle con insistencia a una periodista de radio que no, que no iba a darle una donación para la boda de su hija. Pero vi también al viceministro de Comercio sacar una libreta y anotar el número de cuenta de quien acababa de hacerle una entrevista. Sin ningún pudor. Uno de los periodistas de radio asignados al Congreso llegó a preguntarme cuánto cobraba un periodista español cuando iba a entrevistar al rey. «Debe pagar bien tener rey, más que cualquier ministro o presidente», repetía incapaz de entender mi respuesta.

LOS POLÍTICOS: LA ALTERNATIVA A TODO LO ANTERIOR

«Soltero maduro, culero seguro».

Esa frase fue mi bautismo con el caliche, la jerga callejera hondureña. Culero es maricón. No se lo escuché a dos machotes ebrios que insultaban a uno de esos travestidos que trabajan por la noche en las esquinas de la colonia San Rafael, a unos metros de los hoteles donde suelen quedarse los extranjeros, ni a un militar golpista reprimiendo en una manifestación, ni a un taxista escupiendo a los homosexuales del Parque Central. La frase no salía de esos tres trabajadores que violaban con ojos y gestos, de la manera más repulsiva posible, a una niña que servía *hot dogs* a las puertas del Centro Cultural de España.

No, lo de «soltero maduro, culero seguro» lo escuché en boca de uno de los líderes de la izquierda hondureña. Era el acto de presentación del partido Libre (Libertad y Refundación), a principios de marzo de 2012, frente al Tribunal Supremo Electoral, en Tegucigalpa. Ni dos semanas llevaba en el país y aquel día Libre se presentaba en público como el partido de la izquierda, el del socialismo democrático, el que pretendía refundar el país por la vía de la revolución social, mirándose en el espejo de la revolución bolivariana. Libre agrupaba a la oposición al golpe de Estado que derrocó a Manuel Zelaya en 2009. A estos grupos de la «resistencia» se les terminó bautizando como grupos de la «insistencia», por lo cansino de sus eternas protestas, convocadas a primera hora de la mañana, que comenzaban siempre con largos retrasos.

Edgardo Castro, uno de los dirigentes del nuevo partido, subió al escenario, agarró el micrófono y llamo maricón a Salvador Nasralla, fundador del partido del «tutti frutti», el Partido Anticorrupción, que conseguiría poco después situarse como cuarta fuerza política del Congreso Nacional. Nasralla aparecía en aquel momento preelectoral como el principal rival de la izquierda hondureña de cara a las elecciones de 2013.

Debían de ser las 12 del mediodía, hora de estar lúcido y despierto, cuando escuché a Edgardo Castro aquello de «soltero maduro, culero seguro». Lo viví como ese golpe a la moral que te da en plena cara cuando sales de un bar a las cinco de la mañana y el frío de la madrugada te baja el pedo. Aquella frase me bajó el pedo ideológico producido por esa mezcla de calor centroamericano —«sol plancha», como yo lo llamo— y esa nostalgia romántica que transmitían los partidarios de Zelaya con sus banderas rojinegras, camisetas del Che Guevara y música de fondo de Serrat y Quilapayun. Los europeos en América no tenemos arreglo. Me dejé engañar por la imaginería roja y vi al pueblo caminando hacia el poder por la vía electoral mientras escuchaba aquello de «porque esta vez no se trata de elegir a un presidente...». Entrevisté a una madre que me hablaba de la comida de sus hijos. A un albañil desempleado que aún creía en el fin de la explotación, a estudiantes bregados en el gas lacrimógeno y las manifestaciones dispersadas con fuego real que hablaban de cómo se enfrentaron a un golpe de Estado, y, de repente, cuando no tocaba, zas, me estalla en la cara la retórica de sus líderes.

Cierto es que Nasralla, el rival al que iban dirigidas esas palabras, nunca me pareció un líder político excesivamente serio. No seré yo quien lo defienda como ejemplo de futuro para ningún país. Lanzó su campaña presidencial creando un partido político llamado Partido Anticorrupción. La plataforma de lanzamiento era un maratoniano *magazine* televisivo que duraba casi todo el domingo, y en el que Nasralla salía, alternativamente, en tanga metido en una alberca rodeado de chicas en bikini o jugando con los televidentes a una especie de ruleta de la fortuna. Cuando no entretenía desde la alberca, comentaba los partidos de la liga hondureña. En plena campaña electoral y antes de ejercer como locutor de alguno de los encuentros de la selección nacional de futbol, salía a dar vueltas al campo para recibir la aclamación de las masas que posteriormente le darían 13 diputados en el Congreso. De todos modos, su manera de entrarle a las clases populares tampoco difería tanto del espectáculo que esa misma mañana ofrecería el partido de izquierdas: el expresidente derrocado, bigote a juego con el sombrero de ala ancha, guayabera blanca y botas vaqueras, cantando rancheras junto a varios de sus exministros y atreviéndose, incluso, con varias canciones de Silvio Rodríguez.

Edgardo Castro no ha sido solo uno de esos periodistas a los que la comunidad internacional de las ONG defiende por su valiente ejercicio del periodismo libre en Honduras, ese que solo existe en sus informes. Hoy, además de homófobo, es diputado de la autoproclamada izquierda en el Congreso Nacional, la de la asamblea constituyente y la refundación del país. Y a mediados de 2014 se destapó como cómplice de asesinato. Acompañaba a otro diputado-periodista de la resistencia al golpe de Estado, el famoso (en Honduras) José Luis Galdámez, cuando, en una maniobra de adelantamiento, chocaron contra un taxi. En la discusión siguiente, Galdámez sacó su pistola y asesinó al taxista. Después, se puso a refundar el país.

En Honduras, el país donde la izquierda utiliza *maricón* como insulto, habían muerto asesinados en dos años 58 miembros de la comunidad LGTB. Quizá ese epíteto lanzado desde el escenario empujaba el cuchillo que asesinó a la número 59. Daba miedo entender que la izquierda era eso. Pero la homofobia de la izquierda no fue la única sorpresa de aquel día. ¿Quién subió al escenario, abrazado al expresidente Zelaya, para decir «lo conseguimos»? El presidente del Tribunal Supremo Electoral, el magistrado Enrique Ortez Sequeira, que pocos minutos después de su baño de masas, recomendaría a este corresponsal «tomar unas clases de Derecho» para entender que, con su presencia allí, no violaba ninguna independencia del poder judicial.

La primera vez que alguien me propuso ir a Honduras pensé que llegaría a un lugar parecido al Chile o la Argentina de los años setenta. Vi el país en blanco y negro. Creí que sería reportero bajo una feroz dictadura militar golpista y convertiría a valientes opositores, periodistas y heroicos defensores de los derechos humanos en mis mejores fuentes. No podía estar más desubicado. Sí que hubo episodios de represión política después del golpe de Estado: la Comisión de la Verdad —formada por exjueces, un premio Nobel, un periodista independiente, un sacerdote y una madre de la Plaza de Mayo— documentó veinte personas asesinadas en el año siguiente al derrocamiento de Zelaya debido a la represión. El símbolo de la resistencia fue Isis Obed Murillo, de 19 años, asesinado de un disparo en la cabeza mientras esperaba, junto a miles de personas, la llegada de Zelaya al aeropuerto de Toncontín. Murillo fue la cara visible de las personas que murieron por las balas de un ejército que respondía a marchas pacíficas con fuego real.

Esas historias son reales y dramáticas, pero los propagandistas de la oposición también inventaron muchas historias falsas. A falta de credibilidad política, prefirieron explotar el martirio. Todos los días durante dos años recibía en el correo electrónico mensajes del tipo: «Urgente: persiguen a líder de la resistencia», «Actúa: criminalizan la lucha popular», «Movilízate: luchemos contra la dictadura» y, el mejor de todos: «Asamblea Nacional Constituyente para refundar el país». Todos los días durante dos años busqué bajo las piedras las evidencias que me permitieran reportear todas aquellas proclamas grandilocuentes. Pero no pude encontrarlas, pese a mi interés y pese al bombardeo de ONG hondureñas, europeas y norteamericanas. Examinaba cada caso, pero no encontraba elementos suficientes para convertirlos en reportajes. Por no plegarme al discurso único de la comunidad oenegera, me gritaron «prensa vendida» en alguna de sus asambleas. Por negarme a repetir las homilías de un líder carismático que, solo dos horas después del cierre de los colegios electorales y con un 2.8 % del recuento, nos exigía a los periodistas que proclamásemos presidenta a su mujer y denunciásemos el «masivo y asqueroso fraude electoral». Y, al final de mi estancia en el país, el expresidente Zelaya, con su fracturada bancada partidaria en el Congreso, la de la resistencia, ya negociaba en público su unidad de acción con los mismos diputados liberales que lo habían expulsado de su partido y le habían dado un golpe de Estado.

En ese tiempo documenté asesinatos policiales y militares, y también información sobre periódicos infectos que mienten y extorsionan, políticos corruptos que regalan ataúdes pagados con fondos que no les corresponden y diputados que, desde la izquierda, expanden homofobia. Todo ello pasaba en Honduras antes del golpe de Estado, después del golpe de Estado y durante el golpe de Estado. El golpe de Estado, comprendí, era un evento a partir del cual alimentar discursos estériles y vacíos sobre diferencias políticas inexistentes. A todo el espectro ideológico hondureño se le puede aplicar aquella frase de Samuel Zemurray, el delegado de una empresa bananera que escribió a su matriz en Nueva York hace más de un siglo: «en Honduras es más fácil comprar a un diputado que un burro». Esa frase se extiende a activistas, periodistas y cualquiera en el país que tenga algo que decir o callar a cambio de alguna prebenda o amenaza. En el Gobierno y en la oposición.

Abandoné oficialmente Honduras tras cubrir las elecciones generales de noviembre de 2013, unas elecciones que le dieron la victoria a Juan Orlando Hernández, del Partido Nacional, un político formado en Estados Unidos, subteniente del ejército en la reserva. La esposa de Zelaya fue la candidata derrotada de la izquierda. La que se oponía al aborto en nombre del socialismo democrático, la que se negaba a la despenalización de la píldora del día después (penada con cárcel en Honduras) en nombre de la refundación del país.

Hernández subió a la presidencia con un lema claro y, en cuestión de semanas, había militarizado desde las aduanas hasta la distribución de medicamentos a los hospitales. «Haré lo que tenga que hacer para recuperar la paz y la seguridad en el país», dijo cientos de veces durante la campaña electoral. Una compañera, que cubría aquellas elecciones para *El País*, le preguntó al actual presidente de Honduras qué significa «Haré lo que tenga que hacer». El presidente sonrió y dijo: «todo hondureño sabe lo que eso significa». Ojalá después de estas páginas, el lector también.

LOS QUE IMAGINAN

Conocí gente que creyó, cree y creerá que Tegucigalpa, que Honduras, pudo, puede y podría ser diferente. Que no se puede ir. Que sabe que no se quiere ir. Que se va solo para regresar con más y mejores fuerzas. Que independientemente de estar equivocada o en lo cierto, rescata al país con su existencia.

* * *

Un jueves por la tarde en el café Paradiso —uno de los últimos reductos enrejados de libertad— se juntaron por casualidad tres amigos de la infancia y me senté a tomar dos barenas bien frías con ellos: Fabricio, el poeta de los juegos florales rebautizados como *slam sessions*, que no tiene manera de irse; Óscar, el cineasta y editor comprometido, que se fue y solo regresa de vacaciones, y Gabriela, la feminista que batalla desde hace años, entre otras causas, para que los ginecólogos y diputados hondureños entiendan que la píldora del día después no es abortiva. Ella cuenta los días para irse.

Fabricio, Óscar y Gabriela son tres de los jóvenes que protestaron en las calles después del golpe. Siguieron organizados incluso cuando quedó claro que el presidente derrocado los había traicionado, y ahora se ríen de los engaños que les caen por la derecha y por la izquierda. Varias cervezas después, los tres penetran en la máquina del tiempo y, no sé si riéndose de sí mismos o escapando como viaje de peyote del infierno que hay ahí fuera, me sorprenden —ellos ni se inmutan— hablando de Gramsci y del conflicto dialéctico en la universidad.

Fabricio recita versos sobre el desorden, la entropía, todo lo que no puede canalizarse de manera constructiva hacia ningún resultado, sobre el caos, la violencia y la militarización del país, sobre cómo generar algún tipo de actividad política cinco años después del golpe, sobre cómo reaprender de los aprendizajes de la fracasada huelga bananera del 54, sobre conformar un frente estudiantil en el que Gabriela considera un éxito incluir a una feminista que se declare como tal. Óscar pide que se cumplan plazos en la entrega de un manuscrito, y yo me duermo pensando en el polvo de la colonia Canaán, donde la directora de la escuela me contó esta mañana que diez niños han tenido que dejar las clases porque una pandilla extorsionaba a sus papás y optaron por irse del barrio.

Me despido de ellos con el mismo cariño, frío, formulista, respetuoso y apenado, con el que asistiría a un velorio, y regreso al reporteo.

* * *

El sábado por la noche me encontré en un bar con Jorge García y Roberto. Se levantaron de una mesa donde otras diez personas llevaban camisetas azul cielo frío de amanecer en las que decía STARTUP WEEKEND para saludarme y engatusarme. Jorge diseñó una aplicación que convierte tu cara en un personaje de *The Walking Dead* y la vendió en Estados Unidos. Le va bien. Con Roberto y otro amigo, Alejandro, creó otra aplicación en código libre basada en el *crowdsourcing* para recontar las actas de las elecciones hondureñas y demostrar si hubo fraude. Ellos solo salen del país a buscar clientes para sus líneas de código. Me explican, optimistas entre cerveza y ron, que la India está perdiendo la batalla de los programadores y son ellos quienes la están ganando. Dicen que a «Gringolandia» le sale más rentable deslocalizar hacia el triángulo norte de América Central. Dicen que necesitan agruparse y piensan en abrir un *workspace* donde conseguir que sus ideas fluyan y se contaminen, donde enseñar a otros. El Silicon Valley catracho* sería un gran reportaje, y saben venderlo.

***

El grupo que se junta en torno a los *hackatones*, *barcamps*, charlas TED y conferencias *PechaKucha* —la de los veinte *slides* de veinte segundos cada uno para desarrollar una idea— está especializado en el desarrollo de aplicaciones digitales. Han creado una *app* que identifica teléfonos de extorsionadores y manda un aviso a toda tu red de contactos; un colgante en forma de cruz con geolocalizador incorporado para que los familiares sepan en todo momento la ubicación exacta de los migrantes que atraviesan México; un sistema para que el migrante en Estados Unidos pueda pagarle el agua, la luz y el teléfono

---

* Un catracho es una tortilla de maíz frita sobre la que se colocan frijoles fritos y queso rallado. De manera coloquial, se llama así a lo que es propio de Honduras.

a su mamá en Tegucigalpa a través del celular. Todas, propias. Todas, posibles pelotazos.

* * *

«No me pidas falso patriotismo. Yo me quedo porque aquí se
pueden hacer cosas. Se puede desarrollar talento. Hay oportunidades de negocio». Jorge tiene la frase pensada. Sabe lo
que tiene que decir. Pero después, como todos, se deja ir y
fluye. Con Tegucigalpa mantiene una relación de amor-odio,
sadomasoquismo y síndrome de Estocolmo. Nunca ha sufrido
directamente la violencia, pero sabe que la suerte es aleatoria.
Trata de no salir de su casa, mantiene un perfil bajo y cada
vez recuerda las calles de su infancia con menos nitidez. Le
duele que su hija de 11 años no sepa lo que es jugar en un
parque ni caminar 500 metros seguidos por la calle. Tuvo que
cortar el cable, guardar la televisión y cuidarse de que en su
casa entren periódicos. Se sienta en un bar y lo primero que
hace es mirar a los lados para evaluar un escenario de posibles
riesgos, un deporte muy de mesa hondureña. Había escoltas
en la reunión con su colega sobre los plazos de apertura del
workspace.

Como buen ingeniero de sistemas, me da el motivo racio-
nal por el que aquí nada va a cambiar por el momento, el
argumento con el que trata de salvar a Honduras:

«La criminalidad es solo la mejor optimización de los recursos disponibles en el país. Es imposible que tanta gente sea
mala por placer».

EPÍLOGO
¿Qué hago yo en Honduras?

Si las portadas estaban en Egipto, en Libia o en Siria, en las revoluciones árabes y sus primaveras, y allí, además, durante varios años, había convencido a unos cuantos de que se me daba bien mostrar el *bang bang* y los fuegos artificiales, ¿qué buscaba en el otoño hondureño, un lugar del que casi nadie sabe nada o, peor aún, que a casi nadie le importa?

Conocí Tegucigalpa por primera vez agazapado en el interior de una «cápsula» de la embajada de Estados Unidos para cubrir una visita oficial del vicepresidente Joe Biden. Esa «cápsula» era una furgoneta que a las seis de la mañana recogió a los periodistas en la puerta del hotel y nos dejó en el mismo lugar, 12 horas después, con un comunicado de prensa en las manos y cara de haber perdido el día. No pudimos acercarnos a más de 20 metros de distancia del vicepresidente. Habríamos escrito lo mismo desde Kuala Lumpur.

Después de aquel debut, tuve tres años para resarcirme.

Entre principios de 2012 y mediados de 2014 fui el único corresponsal extranjero en Honduras. Tuve acceso a las fuentes, tiempo para tomar decisiones y paciencia para esperar

sin mayores prisas que las de mis vacaciones. No necesité competir con nadie por la noticia ni por las exclusivas, mis editoras aprobaron todo lo que les propuse y me dedicaron el tiempo que hizo falta. Fui un auténtico privilegiado. De no ser por la libertad y la experiencia de mis editoras, yo me habría convertido en un periodista zombi con un ojo en el televisor, un oído en la radio y los dedos cortando y pegando comunicados de prensa.

En Tegucigalpa, cuando caía la noche y tratábamos de pasar el tiempo intoxicándonos y cocinando platos de pasta, jugábamos a diferenciar sonidos. ¿Son petardos de cumpleaños o disparos eso que suena ahí fuera?, ¿han sido ráfagas de AK? Tegucigalpa es la capital más peligrosa del mundo sin guerra declarada o, al menos, la que presenta mayor número de homicidios per cápita en los informes de la cooperación internacional. En 2012 y 2013 murieron asesinadas más personas en Honduras que en Irak, a pesar de tener una población tres veces menor. Lo mejor de las estadísticas es que regalan introducciones espectaculares en las que uno decide quedarse a vivir. Son llamativas, pero no le impactan a nadie, ni siquiera a ti, lector. Son frases que venden más épica de reportero valiente que realidad. Nunca sabré si logré transmitir una idea que vaya más allá de la cifra de sus homicidios per cápita, si logré colocar, siquiera brevemente, la realidad hondureña en el mapa de la agenda de comunicación mundial.

El poco instinto que pueda tener se forjó en zonas de guerra, situaciones extremas y «espectaculares», de gran peligro, pero siempre breves. En Tegucigalpa aprendí que lo vivido en Gaza o en Libia era irrelevante, que ni los años ni la experiencia en las arenas de Medio Oriente sirven de nada en América Central, más reposada en apariencia, donde no nos sacamos fotos con chaleco antibalas pero es más fácil que por error le pongan a uno una pistola en la cabeza. Aquí no hay francotiradores ni llueven morteros, pero la sensación de primera línea de combate y emboscada inminente no desaparece. Sentirse vendido en el trayecto entre un lugar cualquiera y otro es algo que, en la noche hondureña, conviene no perder nunca de vista. Lo peor no es la costumbre de vigilar los retrovisores del taxi hasta cuando vas a cubrir una rueda de prensa insustancial en la Cancillería un lunes a primera hora, sino saber que tu mujer y tu hija viven en el mismo lugar en el que tú trabajas. El lugar en el que, además, y por primera vez, aquellos sobre quienes escribes, también te leen.

Ningún reportero sacaría a su niña al parque en Bagdad. ¿Por qué debería hacerlo en Tegucigalpa? Y, al mismo tiempo, ¿por qué debería condenar a mi hija a vivir encerrada en una casa si su papá no es corresponsal de guerra? ¿Viajaría un reportero a Bagdad con su familia? Honduras no es Irak. Pero yo en algún momento lo viví así. Podría serlo si así decidiera contarse, si la agenda lo demandase. Es cuestión de focos que se mueven al dictado de decisiones que no se toman ni en Bagdad ni en Tegucigalpa.

Cierto es que aún —enfatizo el aún— no explotan coches bomba en los mercados de Honduras. Pero cada dos días mueren acribilladas a tiros por sicarios —y sin que ese lento drenaje demográfico se cuente correctamente, es decir, se explique— las mismas o más personas de las que morirían si saltasen explosivos por los aires entre los bananos del mayoreo junto al Estadio Nacional. Los números lo demuestran. Los 7 100 asesinatos de 2012 se traducen en un promedio de 598 homicidios mensuales y veinte diarios. El 83% de los homicidios son cometidos con armas de fuego, la ley permite la posesión de cinco armas por persona, y se ceba especialmente en los hombres jóvenes. El 77% de los muertos son hombres entre 20 y 30 años. Si uno es menor de 25 años, la tasa de homicidios que le corresponde a su franja de edad es más del doble que la del país; cuatro veces más que la del segundo país más violento del planeta, su vecino, El Salvador. Además, el 23% de los homicidios se realizan bajo la modalidad de sicariato, crimen por encargo, ajuste de cuentas, habitualmente, dos hombres a bordo de una motocicleta que se acercan y disparan. El 91% de los casos denunciados en el país nunca llegan a sentencia.

Tres semanas después de llegar al país, cubrí una ceremonia de la palabra en la capital. El subsecretario de Estado norteamericano, William Brownfield, entregó treinta motos al Gobierno del presidente Porfirio Lobo para colaborar en la lucha contra el crimen. Traté de hacer mi trabajo y convertir una rueda de prensa insustancial en una serie de preguntas de fondo. Fue imposible. Un dirigente vecinal me había dicho que los narcos locales sobornaban a algunos agentes de policía para que hicieran la vista gorda en la esquina del barrio en la que se vende la coca. Pregunté a los funcionarios si no temían que las motos terminaran en manos de los delincuentes, si no era evidente que las motos no servirían de nada si no se controlaba a quienes las manejan, si no se ataja el problema de la corrupción policial. No solo no hubo respuesta, sino que, al terminar, un periodista hondureño me pasó un brazo sobre los hombros y susurró: «Aquí no hacemos esa clase de preguntas». Si quería conservar la vida, dijo, debía mantener un perfil bajo, «como amigo, te digo que te calles, por tu bien». Me lo vendió como consejo, pero en realidad era una amenaza, y no la formulaba un policía ni un ministro, sino un periodista.

Unos meses más tarde tenía prisa tras pagar la factura del teléfono en el Mall. Llamé a Mairena, mi taxista de confianza.

—¿Puede venir a buscarme al Mall, Mairena?

—Fíjese que ando muy lejos, tardo media hora en llegar. Espéreme ahí.

—No, no se preocupe, ya agarro un taxi aquí, tengo prisa.

A 50 metros de la puerta, un motorista se pega a la ventana del conductor y me grita: «tírameltéléfonohijoeputaotemato». «Quetemato». «Quetemato», repitió varias veces.

No esperé. Abrí mi puerta y salí corriendo de regreso al Mall. Por suerte, no disparó. Jugarse la vida por un teléfono es una de las mayores estupideces que uno puede llegar a cometer. Al regresar a casa escribí:

«He soñado con la escena, dormido y despierto, durante varios meses. Si muriese aquí, sería un martes insulso a media mañana, fumando un Marlboro, sentado junto a mi conductor, con el brazo derecho por fuera de la ventanilla, esperando a que un semáforo se pusiese en verde y llegando tarde a una rueda de prensa insustancial. La sangre salpicaría el asiento del taxi, mi cuerpo retorcido ofrecería una imagen que nadie querría recordar como la mía y, probablemente, nunca llegaría a saberse por qué un sicario me agarró por detrás y vació su cargador antes de acelerar y perderse entre el tráfico. Quizá, ni siquiera pudiese verle la cara antes de que terminase su encargo, mucho menos, abrir la puerta y salir corriendo. Al día siguiente se publicaría una nota más o menos larga —el europeo siempre vale más que el local— presentando un recuento de hechos pintados por el contexto del país más peligroso del mundo y las cifras habituales que se utilizan para contar sin explicar los motivos reales que llevan a la violencia; dos o tres columnas de amigos hablando de mí en el pasado y muchos rumores e hipótesis sin contrastar. Que si estaba investigando algo que nunca llegué a publicar, que si tenía deudas, que trataron de robarme el iPhone o que me había enemistado con alguien por un problema de faldas. Probablemente todo fuera falso y la policía hondureña detuviese a un par de delincuentes habituales para exponerlos ante la prensa y hacerlos cargar con el muerto para quitarse el peso de la espalda. Quizá, en algún aniversario, alguien preguntase por los autores intelectuales del crimen, nunca identificados, y fin de la historia. No creo que haya venido a morir aquí. Pero eso da igual. Tengo cada vez más miedo de morir aquí».

El problema, al final, no era solo que me quebrasen a mí o alguien de mi entorno más cercano, a mi mujer o a mi hija, por error, robo o con intención y por encargo, sino contagiar a mis fuentes con más riesgo del que ya asumen diariamente por el simple hecho de ayudarme. Aprendí a asumir los mensajes de Facebook en los que personas que habían hablado conmigo, libreta en mano, se retractaban muertas de miedo de que su nombre apareciera en un texto. Me decían que citarlos ponía en peligro su vida y me responsabilizaban de cualquier cosa que pudiera sucederles, que es la frase hecha más habitual de la Honduras de 2013.

Un día, después de cuatro o cinco entrevistas largas, dos fiscales despertaron de su letargo y se dieron cuenta de que me estaban demostrando que la policía mantiene escuadrones de la muerte que desarrollan un proceso de limpieza social. Poco después de que todos los detalles estuvieran escritos y listos para salir, me llamaron por teléfono.

—Ven a vernos el lunes a las ocho de la mañana, y no se te ocurra publicar antes del lunes.

—Allí estaré.

La conversación, fácil y fluida.

—Querido Albert —como le gusta llamarme al fiscal—, usted puede hacer lo que quiera con su vida, pero sepa que si nos cita nos pueden matar a los dos, así que, por favor, le pido que se abstenga de utilizar nuestros nombres.

—Por supuesto, fiscal.

Vigilé constantemente los espejos retrovisores del auto de Mairena para ver si se acercaba alguna moto sicaria y perdí la batalla. Perdí y tiré la toalla. Un año después de instalarnos en Tegucigalpa, mis chicas se fueron. Fue la decisión correcta. A ellas no tenía por qué pasarles nada por mi culpa. Se fueron y me quedé solo para tratar de terminar el trabajo con el que me había comprometido: contar Honduras. Aguanté un año más sin ellas, a trancas y barrancas, tachando los días, sufriendo primero la transformación de casa en oficina y de oficina en bebedero, luchando contra las adicciones, la tristeza y la depresión, a las que creo que gané. Pero solo porque contaba cada mañana los días restantes para irme.

Las rutas de la cocaína y la violencia a través de Honduras

Belice

Guatemala

Mar Caribe

El Florido

San Pedro Sula

Cortés

Atlántida

La Ceiba

Trujillo

Colón

Puerto Lempira

Gracias a Dios

Aguas

Olancho

Honduras

Tegucigalpa

Peñas Blancas

El Salvador

Nicaragua

Venezuela/Colombia

Océano Pacífico

→ Ruta terrestre
⇢ Ruta aérea
→ Ruta marítima
■ Índices de violencia más altos